에니어그램 27가지 하위유형

27가지 하위유형의 특정한 성장 경로 이해하기

비어트리스 체스넛 **지음**
김세화·한병복 **옮김**

서문

  에니어그램 성격 시스템과 더불어 클라우디오 나란호가 제창한 27가지 하위유형에 대해 많은 한국 분들이 관심을 갖고 있다는 소식을 듣고 깊은 감명을 받았습니다.

  이 책은 참고서로 사용하기 쉽도록 '27가지 하위유형 성격의 기본'을 한눈에 볼 수 있게 설계했습니다. 먼저 하위유형에 관해 설명하고, 하위유형을 찾는 방법과 이를 사용하여 성장하는 방법도 적어놓았습니다. 이러한 설계가 유효한 때문인지는 모르겠으나 많은 에니어그램 연구자들이 이 책의 하위유형을 중요한 이정표로 보고 있습니다.

  이 책을 통해 자신의 성장뿐 아니라 타인에 대한 성장 지원과 교육, 그리고 에니어그램을 적용하는 모든 작업의 향상에 도움이 되기를 바랍니다.

  이 책에 관심을 가져주셔서 감사합니다. 한국 독자들을 위해 번역하고 출판하는 데 도움을 주신 한국에니어그램협회IEA Korea 관계자분들께 진심 어린 감사의 마음을 전합니다.

에니어그램과 함께 하는 친구
비어트리스 체스넛

추천사

창세기를 보면 인간은 처음에 하느님과 함께 낙원에서 살았습니다. 그러나 욕망으로 인한 원죄 후에 초기의 순수성을 잃은 인간은 낙원에서 세상으로 쫓겨 나오게 됩니다. 그 후 거친 욕망의 세상에서 살아남기 위한 본능이 여러 형태로 변형되어 왔습니다.

그동안 에니어그램에서 인간이 살아남기 위하여 사용하고 있는 본능에 대해서 명확한 설명이 부족함을 느꼈는데 비어트리스 체스넛 박사가 쓴 이 책은 인간의 본능이 각 유형의 격정과 결합되어 삶에서 어떻게 나타나는지를 명확하게 설명하고 있습니다.

에니어그램의 본능을 이해하는 데 큰 공헌을 한 비어트리스 체스넛 박사의 "27가지 하위유형"을 여러분에게 추천합니다. 이 책을 통하여 자신의 본능을 잘 관찰하고 본래 자신의 순수성을 다시 발견하여 건전하고 행복한 삶을 이루시기를 기도합니다.

황지연 신부
한국에니어그램협회 고문

에니어그램이 한국 사회에 소개된 지 30여년이 되었습니다. 그 세월 동안 에니어그램은 다양한 채널과 많은 책을 통해 한국 사회에 저변을 확대해왔습니다.

이번에 27가지 하위유형 성격의 기본을 파악할 수 있도록 한 비어트리스 체스넛 박사의 출판물을 한국에니어그램협회가 번역하여 출간하게 된 것은 의미 있는 발걸음입니다. 한국 에니어그램 사회에서는 이 Subtypes을 하위유형이라고 불러야 할지, 부속유형이라고 부르는 게 더 적절한지에 관한 논의나 의견일치도 없었을 만큼 연구와 실천에 있어 하위유형은 무게 있는 중심으로 여기지 않은 것이 사실입니다. 그런 점에서 이 책은 앞으로 한국 에니어그램 공동체의 연구와 실천에 의미 있는 발제를 한 것이라 하겠습니다.

세계 최초로 이 책을 한국에니어그램협회가 출판하여 한국의 에니어그램 독자들에게 추천할 수 있게 되어 기쁩니다. 에니어그램 공동체의 보다 깊은 연구를 돕기 위해 또한 앞으로 에니어그램을 처음 접하게 될 잠재 입문자들을 위해서 필독서가 되기에 충분하다고 믿기에 일독을 권합니다.

이재명 박사
한국에니어그램협회 고문

감사의 글

최근 들어 에니어그램의 27가지 하위유형에 대한 관심이 높아지고 있습니다. 그에 관한 세계적인 전문가인 비어트리스 체스넛 박사의 "에니어그램 27가지 하위유형" 소책자가 그동안 우리나라 독자들에게 영향을 주었습니다. 하지만 제한된 지면으로 인해 좀 더 구체적인 내용을 담고 있는 책에 대한 요구가 높아졌습니다.

그러한 소망은 2015년 7월 샌프란시스코에서 열린 국제 컨퍼런스에서 비어트리스 체스넛 박사와의 만남으로 이어졌습니다. 그녀에게 한국 독자들을 위해 27가지 하위유형에 대한 자료를 요청하였습니다. 그녀는 흔쾌히 승낙했고, 2016년 11월에 한국 독자를 위한 원고를 한국에니어그램협회에 보내주었습니다.

이 책은 에니어그램의 아홉 가지 유형에 세 가지 본능과 격정을 결합한 27가지 하위유형에 대해 설명하는 책입니다. 하위유형의 중요성에 대한 이해를 돕고, 같은 유형의 사람이 다르게 보일 수 있는 이유를 명확히 설명하고 있기 때문에 유형을 식별하고 자기인식을 넓히는 데 많은 도움이 될 것입니다.

세계 최초로 이 책을 한국에니어그램협회가 출판할 수 있도록 배려해 주신 비어트리스 체스넛 박사에게 깊은 감사를 드립니다. 또한 추천사를 써 주신 이재명 박사님과 황지연 신부님께 감사드립니다. 이 책이 나오기까지 번역을 해 주신 김세화 선생님과 한병복 선생님께 감사드리며, 아울러 이 책의 출판을 위해 지원을 아끼지 않으신 연경문화사 이정수 대표님께도 감사의 마음을 전합니다.

2017년 4월
한국에니어그램협회 고문 김 영 자

목차

서문   3

추천사   4

감사의 글   6

제 1 장

하위유형이란 무엇인가?   9

제 2 장

하위유형 성장 경로   83

8유형의 세 가지 하위유형 **88** ┃ 9유형의 세 가지 하위유형 **98** ┃

1유형의 세 가지 하위유형 **110** ┃ 2유형의 세 가지 하위유형 **123** ┃

3유형의 세 가지 하위유형 **136** ┃ 4유형의 세 가지 하위유형 **148** ┃

5유형의 세 가지 하위유형 **160** ┃ 6유형의 세 가지 하위유형 **170** ┃

7유형의 세 가지 하위유형 **181**

제 3 장

유형들 사이의 차이 식별하기   191

하위유형이란 무엇인가?
하위유형에 대한 이해

하위유형이란 무엇인가?

에니어그램 모형은 인간 성격과 관련된 사고, 감정, 행동의 자동적 패턴을 이해하는 틀을 제공한다. 그 틀은 세 개의 센터, 상호 연결된 아홉 가지 성격 유형, 그리고 27가지 하위유형으로 이루어져 있다. 에니어그램은 이 틀을 사용해서 아홉 가지 성격 유형을 세 가지 다른 버전의 측면에서 이해한다.

세 가지 기본적 본능_{또는 본능적 에너지 또는 욕구}에는 자기보존, 사회 그룹과 관계 맺기, 일대일 유대관계가 있다. 이 세 가지 본능 중에서 무엇이 우세한지에 따라 27가지 '하위유형' 성격들이 정해진다.

에니어그램 이론에 따르면, 세 가지 핵심 본능은 모두 개인 안에 있지만, 그 중 하나가 우세하고, 개인의 행동은 이 본능의 근원적인 지배를 받는다. 대부분의 사람들은 첫 번째 본능이 가장 많이 발달하고 세 번째 본능이 가장 적게 발달한다. 두 번째 본능의 경우 첫 번째 본능과 비슷한 수준으로 발달할 수도 있다.

27가지 하위유형은 각 유형의 핵심 동기와 패턴, 그리고 가장 우세한 본능의 결합으로 형성된다. 심리적으로 이들 중 두 가지 힘이 결합되면, 훨씬 더 명확한 주의 초점을 형성하면서 특정한 본능적 욕구를 반영하는 행동을 하게 된다.

이 27가지 하위유형에 관한 설명은 아홉 가지 유형만으로 성격 유형을 설명하는 것보다 훨씬 더 자세한 내용을 알려준다. 또한 가장 깊은 무의식적인 부분의 작동을 비춰주어 자기인식을 더욱 잘 할 수 있게 해준다.

자기 계발을 하고자 할 때,
자신의 하위유형을 알면 어떻게 도움이 되는가?

에니어그램 모형 안에서 아홉 가지 유형들 중 하나를 찾을 때, 하위유형은 당신이 세상 안에서 자동적으로 생각하고, 느끼며, 행동하는 방식에 관한 중요한 정보를 제공해줌으로써 자신의 유형을 찾는 데 도움을 준다. 이 정보는 자기관찰과 자기연구를 위한 이정표로써 기능한다. 우리는 모두 자신만의 세상을 살아가는 방식과 맹점을 가지고 있다. 그것들은 일상 속에서 너무나 자동적으로 일어나기 때문에 우리는 자신이 어떤 삶을 사는지 근본적인 인식을 조금도 하지 못한다. 에니어그램 지도는 우리가 습관적으로 생각하고 느끼는 경향을 인식하게 한다. 우리가 무엇을, 어떻게, 왜 하는지에 대한 통찰을 하게 함으로써 삶을 변화시키는 역할을 한다. 에니어그램 지도는 우리로 하여금 무의식적이고 습관적인 성향에서 깨어나 우선적으로 자기이해를 높이고, 자신의 맹점이 무엇인지 알게 하며, 의식적으로 삶을 변화시킬 수 있도록 하고, 정서 지능을 발전시킨다.

에니어그램의 27가지 하위유형은 아홉 유형만 볼 때보다 특정한 패턴들에 대해 더 미세한 차이를 설명해준다. 하위유형은 우리가 자기계발을 더 효율적으로 하기 위해 무엇을, 왜, 어떻게 해야 하는지에 대한 명료함과 추가적인 정보를 제공한다. 자신에 대해 보다 구체적이고 특정한 정보를 가질수록, 궁극적으로 자기이해는 훨씬 정확하고 명확해질 수 있다.

에니어그램을 활용하여 개인적 성장을 하려고 하고,
다른 사람들의 성장을 도우려 할 때
하위유형을 아는 것이 왜 중요한가?

하위유형 27가지 성격에 관한 설명은 유형을 정확하게 찾기 힘들 때 좀 더 쉽게 찾을 수 있게 도와준다. 27가지 하위유형의 내용은 같은 유형의 두 사람이 다르게 보일 수 있는 이유를 알려주고, 내재된 생물학적 욕구가 인간 행동에 끼치는 영향을 명확히 보여준다. 또한 하위유형은 아홉 가지 유형을 더 구체적으로 설명해주고 그 안에 포함되지 않는 내용들을 언급해 주기 때문에 유형을 식별하며 자기인식을 확대시키는 데 있어 중요한 정보를 제공한다.

개인 성장을 위해서 하위유형에 관한 지식을 어떻게 활용할 수 있는가?
하위유형은 성격을 좀 더 깊고 완전하게 설명한다. 일단 당신의 하위유형을 찾으면 당신이 생각하고 느끼며 행동하는 방식과 그 이유를 이해할 수 있는 더 많은 정보를 알 수 있다. 당신은 하위유형 설명을 통해 당신의 무의식적이고 자동적인 습관과 맹점에 보다 깊은 수준에 다가갈 수 있다. 이를 통해 당신은 자신의 사고, 감정 및 행동을 구조화하는 패턴을 더 잘 알아차려 의식적 변화를 선택할 수 있다.

개인의 성장을 위해 하위유형을 활용할 때
고려해야 할 중요한 내용은 무엇인가?

본능과 하위유형의 의미와 역할

에니어그램 문헌에서 하위유형과 본능이라는 주제의 정의와 의미를 둘러싸고 많은 혼동이 있다. 여기에서 하위유형이라고 부르는 것이 다른 곳에선 본능적 변형으로 언급되기도 하는데, 이는 유형_{아홉 가지 중 하나}의 격정과 다른 핵심 특징, 그리고 우세한 본능_{세 가지 중 하나}이 결합된 하위유형보다 세 가지 본능_{자기보존, 사회적 관계, 일대일 유대} 자체에 주안점을 주기 때문이다.

우세한 본능의 영향과 결과를 인식함으로써 많은 것을 얻을 수 있지만, 많은 사람들이 이 측면에만 과도한 주의를 기울이고 있다고 본다. 반면 우세한 본능적 욕구와 주된 유형의 정신적, 정서적, 행동적 편향이 결합되는 방식을 이해함으로써 얻을 수 있는 엄청난 통찰력에 대해서는 과소평가할 수 있다. 따라서 자기보존, 사회적, 일대일 중에 어느 것이 자신의 가장 강한 본능적 욕구인지 이해하는 것뿐만 아니라 자기보존, 사회적, 일대일의 초점이 사람의 특정 유형 패턴과 어떻게 결합되는지 이해하는 것 역시 중요하다. 자기보존 욕구는 당신의 주요 유형에 따라 차이를 보인다. 당신이 1유형, 2유형, 3유형, 아니면 7유형인지에 따라 여러 방식으로 나타날 것이다. 따라서 아홉 가지 유형의 자기보존 본능이 들어간 하위유형 모두가 비슷하게 보일 것이라고 생각한다면 실수이다. 같은 본능이라면 비슷한 특성들도 있지만, 또한 당신이 어떤 유형인지에 따라 상당한 차이도 있다.

개인의 성장을 위해 하위유형을 활용할 때 우리는 1) 본능적 초점_{세 가지 중 하나}이 일상 생활 속에서 어떻게 나타나는지 배울 수 있고, 2) 자신의 행동 원리를 관찰할 수 있다. 이 세 가지 본능이 아홉 가지 유형 중 주된 유형에 따라 서로 다른 영향을 끼친다는 사실을 이해하는 것이 중요하다.

하위유형의 순서 혹은 배열이 의미하는 바는 무엇이며 처음에 무슨 작업을 해야 하는가?

우리 모두에게는 세 가지 본능_{자기보존, 사회 그룹과 관계 맺기, 일대일 유대}이 작동하고 있다. 그러나 대부분의 사람들은 세 가지 본능 중에 자신의 동기와 행동을 가장 많이 지배하는 한 가지가 있다. 또한 남은 두 본능 중 첫 번째보단 적지만 상당한 영향력을 갖는 본능이 있고, 남은 하나는 더 억제되어 행동을 형성하는 데에 있어 영향이 적다.

자기보존 자기보존 본능은 생존과 물질적 안정에 주의초점을 맞추어 행동을 한다. 이 본능이 강한 사람은 에너지가 안전과 안정에 관련된 쪽으로 향하고, 충분한 자원을 가지며, 위험을 회피하고, 행복과 기본적인 구조에 대한 감각을 유지한다. 이런 기본적인 관심을 넘어서서, 자기보존 본능은 특정 유형마다 서로 다른 영역의 안전을 강조하게 한다.

사회적 상호작용 사회적 본능은 사회 집단 안에서 소속, 인정, 관계에 주의초점을 맞추어 행동을 한다. 우리가 속한 가족, 공동체, 집단이라는 무리와 함께 잘 지내게 한다. 이 본능은 각 유형의 사람에게 집단 내의 다른 구성원들이 집단에서 얼마나 힘을 가졌는지, 위치가 어디인지에 주의를 기울이게 한다.

일대일 유대 일대일 본능은 특정한 개인과의 관계의 질 및 상태에 주의초점을 맞추어 행동을 한다. 때로는 성적 본능으로 불리는 이 본능은 일반적으로 성적인 연결의 형성과 유지, 대인간의 매력, 유대를 향한 에너지를 지향한다. 이 본능은 각 유형의 사람에게 사람과 연결된 일대일 유대를 통해서 행복감을 찾게 한다.

세 가지 본능 모두 작동되지만 일반적으로는 개개인별로 한 가지가 우세하다. 우세한 본능의 강력한 생물학적 충동이 격정과 결합할 때, 성격이 더욱 구체적으로 나타나고, 그 결과 핵심 성격 유형의 더 미세한 성격차이_{하위유형}를 알게 된다.

성장하기 위해서 본능에 대한 작업을 할 때, 이 시점에서 가장 효과적인 접근법은 다음과 같다.

1) 가장 주된 본능을 의식하고, 그 다음에 두 번째 본능, 그 다음에 억제된 본능을 의식한다.

2) 세 가지 본능의 균형을 잡는다는 장기적 목표를 유지하기 위해 노력한다. 그 장기적 목표는 본능적 에너지_{일명 우리의 '동물적 지혜'}를 자유롭게 해서 일상적인 행동이 에고에 제약받지 않도록 하고, 조건화된 성격의 방어적 초점을 잠재적으로 제한한다. 그 후에는 우세한 본능에 많은 시간을 의존하는 대신 상황에 따라 세 가지 본능 전부가 필요에 맞춰 작동하도록 하는 법을 배우는 것이다.

각 유형들의 격정

8유형 − 욕망 lust

욕망은 모든 자극에 대해 과도하고 강렬하며, 신체적인 만족을 통해 내면의 공허감을 채우려는 충동이다. 에니어그램 용어에서 욕망은 여러 만족의 원천 중 하나가 성적 만족이라 보며, 과도한 격정 또는 지나친 정열을 의미한다.

9유형 − 나태 laziness

나태는 특히 내면의 감정, 감각, 욕구를 알아차리는 일과 관련해서 활력을 쏟지 않고, 직면하기를 거부하며, 변화에 저항하고, 노력을 싫어하는 면을 말한다. 여기서 나태는 행동하기를 싫어한다기보다는 내면에서 무슨 일이 일어나고 있는지를 돌아보아야 할 때에 자기 자신에게 무관심하고 타성에 젖어 있다는 의미이다.

1유형 − 분노 anger

1유형의 분노는 감정적 격정으로, 그들이 추구하는 완벽과 미덕을 이루지 못해 나타나는 분개로써, 억압된 형태로 나타난다. 그들은 불완전한 방식으로 되어있는 것들에 대해 적대감을 내보이고 일이 '어떻게 되어야 한다'는 자신의 이상에 따르도록 강요하는 경향이 있다.

2유형 − 자만 pride

에니어그램 용어로 자만은 자신을 부풀리고 싶어 하는 욕구이며, 유혹과 자기 격상을 위해 상대에 대한 거짓 관대함으로 표현된다. 자만은 또한 자기 이상화와 과장이라는 패턴을 조장하고, 자신의 위치를 자각하면 평가 절하와 자기비판으로 이어진다.

3유형 – 허영 vanity

허영은 '다른 사람들의 시각에 따라 살아가는 것' 또는 자신의 이미지에 대한 열정적인 관심이다. 허영은 3유형이 다른 사람들에게 거짓 이미지를 나타내는 동기가 된다. 어떤 이미지이든 그 상황에 가장 성공적이고 적절한 이미지로 바꿀 수 있다.

4유형 – 시기 envy

시기는 결핍되었다고 느끼는 것을 갈망하며 고통스러운 결핍감으로 나타난다. 그들의 시기는 내면 결핍으로, 잃어버렸지만 정말 필요하다고 여기는 것을 자신이 얻을 수 없다는 생각이며, 일반적으로 어린 시절의 상실감에서 온다.

5유형 – 탐욕 avarice

탐욕은 고갈의 두려움에서 벗어나기 위해 시·공간 및 자원을 비축하여 보유하는 것이다. 그것은 더 많이 획득하려는 충동보다는 이미 가지고 있는 것을 지키려는 보유retentiveness의 충동이다.

6유형 – 두려움 fear

두려움은 알 수 없는 위험에 대한 불쾌한 감정이고 생리적인 반응이다. 이 두려움은 보통 불안과 밀접하고, 하위유형에 따라 덜 인식하거나 더 인식될 수 있다. 불안은 위험의 원천을 알 수 없거나 인식할 수 없고, 자신의 마음에서 생길 수 있는 예상된 위험과 관련된 걱정, 긴장, 우려를 포함한다.

7유형 – 탐닉 gluttony

우리는 탐닉을 흔히 너무 많이 먹는 행동이나 음식과 연결된 것으로 생각한다. 그러나 에니어그램 용어로 탐닉은 쾌락과 더 많은 갈망으로 무엇이든 간에 쾌락을 가져다주는 것에 과도하게 빠지는 격정이다.

만약 당신이 하위유형 중 '역유형'이라면

아홉 성격 유형 모두 격정의 에너지와 같은 방향으로 흘러가는 하위유형 두 가지가 있고, 격정의 주된 에너지 방향과 거꾸로 가는 유형이 하나 있다. 그 유형을 '역유형'이라고 부른다.

하위유형 중 역유형은 그 성격 유형의 전형적인 모습과 달라 보이기 때문에 종종 다른 유형과 혼동된다. 그래서 의외의, 또는 반직관적인 방식으로 나타나는 역유형을 이해하면, 한 유형에서 보이는 세 가지 방식들을 이해할 수 있다. 더불어 자신의 행동과 습관적 패턴이 왜 유형에 관한 주된 설명과 완벽하게 맞아떨어지지 않는지 의아해하던 사람들에게 자신을 이해하는 데에 도움을 준다. 자신의 행동이 유형의 전형적인 패턴과 다른 이유를 알려준다. 개인의 성장을 위해 하위유형을 활용할 때, 역유형인 사람들은 성장을 위한 지침으로 다른 내용을 작업해야 할 때도 있다.

결국 하위유형 작업은 하위유형 성격과 연관된 사고, 감정, 행동의 특유한 습관적 패턴을 이해하고 변화시키는 일을 연마하기 위해 훨씬 더 구체적인 정보를 활용하는 것이다. 그리고 중요한 사실은 우리의 본능적 에너지를 풀어주어 균형 잡음으로써 경험의 일부 영역에서 특정 방식으로 억압되거나 제약되거나 고착되거나 제한되지 않고 삶 속에서 우리의 욕구를 충족시킬 수 있다. 이는 우리의 목표를 성취하기 위해 창의적이고 유연한 방법을 찾을 수 있게 한다.

하위유형의 간단한 소개

자기보존 8유형 만족 Satisfaction

자기보존 8유형은 생존에 필요한 것을 얻는 데 초점을 두고 그것을 통해 욕망을 표현한다. 그들의 최우선은 물질적 필요가 적시에 만족되기 바라는 욕구이고, 좌절을 견디지 못한다. 이들은 어려운 상황에서 생존하는 법을 알고 있으며 자신이 필요한 것을 얻을 때 전능함을 느낀다. 그들은 8유형 중 가장 표현이 적고, 자신의 몫을 잘 챙긴다.

사회적 8유형 연대 Solidarity `역유형`

사회적 8유형은 다른 사람을 위해 공격성과 욕망을 표현한다. 반사회적 성향이 강한 역유형인 8유형은 다른 하위유형보다는 충성스럽고 덜 공격적으로 보인다. '연대'라는 명칭은 사람들이 보호를 필요로 할 때 도움을 제공하는 경향을 말한다.

일대일 8유형 소유 Possession

일대일 8유형은 사람들의 주의를 사로잡기 위한 욕구와 반항을 통해 욕망을 표현한다. 이들은 영향을 끼치고 통제하기를 원하는 강력하고 카리스마가 있는 캐릭터다. 물질적 안전을 추구하는 대신에 이들은 사람들과 물건을 지배하려고 한다. 소유라는 명칭은 전체 환경을 지배함으로써 힘을 느끼고자 하여 전체 현장을 적극적으로 장악하는 것을 의미한다.

자기보존 9유형 식욕 Appetite

자기보존 9유형은 자신의 감정, 욕구, 힘에 지속적으로 연결시키는 대신에 먹기, 잠자기, 읽기, 퍼즐 맞추기와 같은 일상적인 행동과 신체적 편안함을 융합하는 데 초점을 둔다. 이들은 추상적이기보다는 일상에 관심이 있는 실제적이고 구체적인 사람들이다.

사회적 9유형 참여 Participation 역유형

사회적 9유형은 집단에 융합된다. 그들은 인생에서 다양한 집단의 한 부분이 되기 위해 열심히 일함으로써 자신의 내면과 연결해야 할 때 나태를 보인다. 재미를 추구하고 사교적이며 마음이 통하는 성격 소유자인 이들은 일중독자가 될 수 있고, 자신의 필요보다 그룹의 필요를 우선시한다. 이 높은 수준의 활동성이 이들을 역유형으로 만든다.

일대일 9유형 융합 Fusion

일대일 9유형은 그들의 삶에서 중요한 사람과 융합함으로써 나태의 격정을 표현한다. 이들은 독립적으로 존재하기에는 너무 힘들다고 느끼기 때문에 다른 사람들의 감정, 의견, 태도를 무의식적으로 취한다. 이들은 친절하고 상냥하며 수줍어하는 경향이 있고 공격적이지 않다.

자기보존 1유형 걱정 Worry

자기보존 1유형은 자신과 자신의 일을 더 완벽하게 하기 위해서 열심히 일하는 것을 통해 분노의 격정을 표현한다. 이들에게 분노는 가장 억압하는 감정이다. 반동형성의 방어기제가 분노의 열기를 따뜻함으로 변형시켜서 친근하고 상냥한 성격으로 나타난다.

사회적 1유형 비적응성 Non-adaptability

사회적 1유형은 자신들이 무의식적으로 완벽하다고 생각한다. 그들은 '올바른 방식'의 완벽한 모델이 되는 데에 초점을 두는 것을 통해 분노를 표현한다. 그들은 우월해야 한다는 무의식적인 욕구를 반영하는 교사와 같은 사고방식을 가지고 있다. 이들은 분노의 열기를 차갑게 변형시키고, 분노의 반 정도를 숨겨 놓으며, 차분하고 지적인 성격 유형으로 핵심 주제는 통제이다.

일대일 1유형 열의 Zeal 역유형

일대일 1유형은 다른 사람을 완벽하게 하는 데 초점을 두기 때문에 완벽주의라기보다는 개혁가이다. 1유형 중 유일하게 드러내놓고 분노한다. 그들이 원하는 것을 얻고 타인을 개선하려는 강렬한 욕망을 통해서 분노가 표현된다. 그들은 개혁가 또는 열성분자의 사고방식으로, 자신에게는 그럴 자격이 있다고 느낀다. 이들은 올바른 방식의 이면에 있는 이유와 진리에 대한 고차원적인 이해를 가지고 있기에, 자신이 원하는 것을 얻을 수 있으며, 사회를 변화시킬 권리를 가지고 있다고 믿는다. 역유형으로서 그들은 겉으로 화를 내고 더 충동적이다. 충동과 분노를 억압하는 1유형의 '반본능적' 경향에 역행한다.

자기보존 2유형 특권 Privilege 역유형

자기보존 2유형은 다른 사람이 자신을 돌보아야 한다는 무의식적인 방식으로 어른 앞에 있는 아이처럼 현혹한다. 모든 사람들은 어린아이를 좋아하기 때문에 이들은 특별한 대우를 받는 방식으로 어린아이의 시기가 지나서도 미성숙한 태도를 유지한다. 역유형으로서 타인과 연결되는 것에 관해서 더 두려워하고 양가감정이 있기 때문에 이들 안에 있는 자만을 보는 것이 쉽지 않다. '특권'이라는 명칭은 그들이 타인에게 무엇을 주느냐가 아니라 존재 자체로 사랑받고 우선시되고 싶은 욕구를 반영한다. 미성숙한 입장과 관련되어, 이들은 장난기 있고 무책임하며 매력적이다.

사회적 2유형 야망 Ambition

사회적 2유형은 청중을 장악하는 데서 오는 만족감으로 자만을 드러내는 강력한 지도자 유형으로 그룹과 상황을 현혹하는 사람이다. 더 어른스러운 이들은 자만이 가장 명확하게 나타나며, 존경을 받기 위해 영향력 있고 유능한 사람이 되는 이미지를 계발한다. '야망'이라는 명칭은 맨 위에 존재하고자 하는 욕구를 반영하고 아주 높은 위치에 오름으로써 이익과 혜택을 취한다. 이들은 가장 '받기 위해서 주는' 사람들이며 관대함을 보일 때는 언제나 전략적 시각을 가지고 있다.

일대일 2유형 공격 Aggressive / 유혹 Seductive

일대일 2유형은 자신의 자만을 만족시키고 욕구를 충족하는 방식으로 특정한 개인을 유혹한다. 팜므파탈femme fatale의 원형과 비슷한데, 자신의 욕구를 채워줄 수 있고 원하는 것은 무엇이든지 줄 수 있는 파트너를 매력적으로 유혹하는 고전적인 방법을 취한다. '공격-유혹'이라는 명칭은 매력적인 사람이지만 또한 어느 정도의 힘을 행사하기를 원하는 캐릭터를 암시한다. 삶에서 자신의 욕구를 충족시키는 방식으로 긍정과 엄청난 열정을 고무한다. 이들은 자연의 힘처럼 저항할 수 없는 사람이다.

자기보존 3유형 안전 Security 역유형

자기보존 3유형은 허영을 가지고 있지 않다는 허영을 가지고 있다. 이들은 또한 다른 사람들에 의해 존경받기를 원하지만 드러내놓고 인정을 구하는 것을 피한다. 그들은 단지 좋게 보이는 것에 만족하지 않고 좋은 사람이 되려고 분투한다. 사람이 어떻게 살아야 하는지에 대한 완벽한 모델과 일치하도록 좋은 사람이 되려고 결심한다. 완벽한 모델이 되는 것은 미덕을 갖추어야 하는 것이고, 미덕은 허영이 없음을 의미한다. 그들은 열심히 일하고 효과적이며 생산적이고 좋은 사람이 되는 것을 안전감으로 생각하고 추구한다.

사회적 3유형 명성 Prestige

사회적 3유형은 좋게 보이고 일이 완수되도록 성취하는 것에 초점을 둔다. 그들은 다른 사람에게 주목받고 영향을 행사하고자 하는 욕구를 통해 허영을 보여준다. 그들은 무대에서 스포트라이트를 받는 것을 좋아한다. 이들은 효과적으로 사회적 계단을 오르고 성공을 이루는 법을 알고 있다. 이들은 3유형 중에서 가장 경쟁적이고 가장 공격적이며, 좋게 보이려는 욕구와 기업가나 영업사원 같은 사고방식을 가지고 있다.

일대일 3유형 카리스마 Charisma

일대일 3유형은 다른 사람들을 지원하고 개인적인 매력을 통해 성취하는 것에 초점을 둔다. 이들은 자기보존 3유형처럼 허영을 부인하지 않고 사회적 3유형처럼 나타내지도 않지만 그 사이 어딘가에 있기 때문에 매력적인 이미지를 만들고 자신에게 중요한 타인을 높여준다. 이들은 자신에 대해서 말하기를 어려워하고 종종 승진시키고 싶은 다른 사람들에게 초점을 둔다. 그들은 가족적인 사고방식을 가지고 있고 다른 사람들을 기쁘게 하려는 데 많은 에너지를 쏟는다.

자기보존 4유형 불굴 Tenacity 【역유형】

자기보존 4유형은 고통과 오랫동안 함께한다. 역유형으로 이들은 내면의 아픔에도 불구하고 극기심이 강하고 다른 사람과 아픔을 공유하지 않는다. 또한 고통을 견디는 것과 사랑받음 없이 행하는 법을 배운 사람들이다. 시기심으로 살아가는 대신에 자신에게는 부족하고 다른 사람들이 가지고 있는 것을 얻기 위해 열심히 일하는 것으로 시기를 나타낸다. 이들은 자신에게 많은 것을 요구하며 견디려고 하는 강한 욕구와 함께 노력하는 열정을 가지고 있다.

사회적 4유형 부적합 Inadequacy

사회적 4유형은 다른 4유형들보다 더 예민하고 더 수치를 느끼며 더 고통받는다. 이들에게 시기는 수치심을 불러일으키며 고통의 강렬함을 통해 다른 사람을 유혹하는 전략을 사용함으로써 자신의 욕구를 충족시키려 한다. 이들은 괴로워하며 우울을 느끼는 데에서 편안함을 느낀다. 시기는 자기 자신의 열등감에 초점을 두며, 희생자 역할을 선택하고 많은 한탄을 표현한다. 그렇기에 타인과 경쟁하지 않는 대신에 자신과 다른 사람을 비교하고 자신의 결핍을 찾는다.

일대일 4유형 경쟁 Competition

일대일 4유형은 결핍의 고통스러운 감정을 스스로 없애려고 노력하는 무의식적인 방식으로 타인에게 고통을 준다. 또한 고통을 부정하고 수치스러워하기보다는 자신의 욕구를 더 잘 표현하고 다른 사람에게 요구한다. 최고가 되기를 추구하는 이들은 경쟁으로 시기를 표현하고 다른 사람들로부터 자신에게 필요한 것을 얻지 못하면 분노의 감정이 올라온다. 또한 내면 결핍의 고통은 무의식적으로 원하는 것에 대한 시기로 나타난다.

자기보존 5유형 은신처 Castle

자기보존 5유형의 탐욕은 경계를 고수하려는 것으로 나타난다. 침입으로부터 자신을 보호하고 자신의 경계를 통제할 수 있는 성역에서 은둔하고 싶어 한다. 이들은 벽 뒤에 숨어 있고 그 벽 안에 생존에 필요한 모든 것을 가지고 있다는 사실을 안다. 또한 5유형 중 가장 표현이 적고 자신의 욕구와 필요를 제한하여 다른 사람에게 의존하는 것을 회피한다.

사회적 5유형 토템 Totem

사회적 5유형은 감정적 유대보다는 가치를 공유하고 지식을 통해서 다른 사람들과 공통적 관심사를 연결시킴으로써 '초이상'super ideal의 필요를 통해 탐욕을 표현한다. 이들의 탐욕은 지식과 연결되며, 인간관계의 지속에 대한 필요는 정보에 대한 목마름으로 대체된다. 토템부족사회나 공동체 내에서의 숭배 대상 혹은 상징은 고차원적인 아이디어에 대한 격정을 나타낸다. 고차원의 이상, 전문가를 이상화할 필요, 이들이 고수하는 궁극의 가치에 연결시킬 수 있는 지식의 추구 등에 대한 격정을 말한다. 그렇기에 의미 없는 삶을 피하고 궁극적인 의미를 추구한다.

일대일 5유형 자신감 Confidence 역유형

일대일 5유형의 탐욕은 절대적인 사랑의 이상적인 전형을 찾는 것으로 나타나기에 로맨틱하다. 이들의 명칭인 자신감은 이상적인 신뢰를 충족시켜줄 수 있는 파트너를 찾기 위한 필요조건이다. 5유형들 중 가장 감정적으로 민감하고, 더 고통을 받으며, 좀 더 4유형과 유사하고 욕구를 더 많이 표현한다. 이들은 여러 가지 면에서 사람과 단절되어 있지만, 예술적인 창작물을 통해 표현될 수 있는 활기찬 내면의 삶을 갖고 있다.

자기보존 6유형 따뜻함 Warmth

자기보존 6유형은 두려움 때문에 다른 사람들과 함께 결합하고 우정을 추구하며 보호를 원한다. 이들은 보호적인 동맹을 추구하기에 따뜻하고 친근하며, 신뢰할 수 있도록 노력하기에 '온화'라고도 불린다. 공포에 깊게 물든 이들은 분노 표현이 어렵고 확신이 없으며 스스로 의심을 많이 한다. 이들에게 두려움은 불안정하다는 것으로 표현되고, 살면서 안전하다는 느낌을 갖기 위해서 관계에 집중한다.

사회적 6유형 의무 Duty

사회적 6유형의 두려움은 관념이나 추상적인 이유 같은 기준의 틀을 통해 불안을 통제하려는 욕구로 나타난다. 규칙이 무엇인지 아는 것을 통해 권위에 복종하는 것은 세상 안에서 안전감을 느끼도록 돕는다. 자기보존 6유형과는 다르게 더욱 확실성을 가지고 있고 불확실에서 오는 불안을 다루기 위해 과도하게 확실함을 요구하며 정확성과 효율성에 초점을 둔다. 이들의 보호적 권위 형태는 어떤 규범이라도 준수하는 것이다.

일대일 6유형 강함 Strength / 아름다움 Beauty 역유형

일대일 6유형은 더욱 강해지고 겁을 주는 두려움에 대항함으로써 그 두려움을 표현한다. 다른 사람보다 자기 자신을 더 신뢰하며, 이들이 겁에 질릴 때는 최고의 방어가 최고의 공격이라는 내면의 프로그램을 가지고 있다. 그렇기 때문에 적에게 거리를 두고, 무엇을 하든 어떻게 보이든 강력한 태도를 취한다. 그들의 불안은 공격에 대비해서 준비를 하고 기술을 향상시킴으로써 가라앉게 된다.

자기보존 7유형 당파의 수호자 Keeper of the Castle

자기보존 7유형은 유리함을 얻을 기회를 만들어 내고 동맹을 형성하는 것을 통해 탐닉을 표현한다. 실용적이고 이기적인 이들은 생존을 지원하는 기회에 기민하고 인적 정보망을 통해 안전을 확보한다. 당파의 수호자라는 명칭은 자신의 욕구를 만족시키고 안전을 확보할 수 있는 동맹을 위한 당파적 네트워크 구축을 말한다. 발랄하고 쾌활하기에 즐거움을 누리고 원하는 것을 얻는 경향이 있다.

사회적 7유형 희생 Sacrifice 역유형

역유형인 사회적 7유형은 다른 사람들에게 잘 해주려는 노력을 통해 탐닉에 반대로 간다. 이들은 의식적으로 타인을 이용하지 않으려 하며, 다른 사람들의 욕구를 채우기 위해 자신의 욕구를 희생하고, 순수하며 좋은 사람이 되고자하는 욕구를 가지고 있기에 자신의 욕망을 희생시킴으로써 좋게 보이려는 격정을 가지고 있다. 그들은 자신을 위해서는 적게 갖는 것이 미덕이라 보고 금욕적 이상을 나타낸다. 그들은 세상에서 자신을 가치가 있고 활동적으로 만드는 방식으로 이상주의와 열정을 표현한다.

일대일 7유형 피암시성 Suggestibility

일대일 7유형은 평범한 현실보다 더 나은 무언가를 상상하는 욕구를 통해 탐닉을 표현한다. 이상적인 세상을 탐닉하며, 상상대로 살고자하는 격정을 가진 이상적인 몽상가이다. 그들은 사랑에 빠진 사람의 낙관적 시선으로 사물을 보고 장밋빛의 안경을 통해서 세상을 본다. 피암시성은 언제든지 순진하고 최면에 걸리기 쉬운 상태를 말한다. 쾌활하고 열정적인 이들은 즐거운 공상과 신나는 가능성에 초점을 두고 모든 것을 할 수 있다고 믿는다.

유형 찾기 과정에서 하위유형 서로 식별하기

8유형의 세 가지 하위유형은 다음 측면에서 서로 다르다.

주의초점
물질적 안전 vs 보호와 다른 사람 지원 vs 상황과 다른 사람을 장악하는 힘

자기보존 8유형은 물질적으로 안전한 생존을 위해 필요한 것을 얻는 것에 초점을 두기 때문에 협상하거나 거래할 때 상대보다 우위를 점하는 능력이 탁월하다. 또한 자신이 원하고 필요로 하는 것을 얻기 위해 설득하거나 많은 말을 하지도 않고 표현도 거의 없지만, 자신의 욕구 충족을 위해 필요한 행동을 바로 취한다. 심지어 은행에 돈이 넉넉히 있을 때에도 충분한 자원을 가지려고 노력한다.

사회적 8유형은 다른 사람을 지원하고 보호하는 것에 초점을 맞춘다. '사회적으로 반사회적'인 이들은 다른 8유형들과 마찬가지로 사회적 기준을 거스르는 것을 두려워하지 않는다. 그러나 저항하는 것뿐 아니라 부당한 희생자나 더 큰 권력을 가진 사람에게 착취당할 수 있는 사람을 멘토링하고 보호하는 일에도 초점을 맞춘다. 그렇기에 타인을 위해 공격성을 표현하거나 주장을 내세운다. 다른 사람을 보살피며 보호하는 강력한 능력을 키우고 더 큰 권력을 가진 사람이 누군가를 못살게 구는 상황의 감지에 민감하다. 이들은 훨씬 부드럽고 친근한 8유형이다.

일대일 8유형은 다른 사람들에 대한 지배력을 행사할 수 있고 관심의 중심이 되는 일에 주의를 집중한다. 가장 반사회적이고 반항적인 8유형으로서 강한 에너지로 무대 전체를 장악하며 상황의 중심이 된다. 이들은 자신이 도착한 순간부터 세상이 움직인다고 생각하며, 다른 8유형에 비해 훨씬 더 카리스마 있고, 모든 사람의 주목을 받는 것으로 자신의 힘을 느끼고 싶어 한다. 이들은 정력적이고 감정적이며 다른 사람에 대한 지배력과 힘에 대한 욕구를 표출하며, 어떤 것 또는 누군가에 대한 통제력을 잃고 싶어 하지 않고, 자신의 말과 존재감으로 사람들에게 영향력을 발휘하고 싶어 한다.

관계 맺는 방식

자기보존 8유형은 관계 맺는 방식에서 5유형과 비슷할 수 있다. 이들은 많은 말을 할 필요를 느끼지 않으며, 가까운 친구들이나 가족 같은 작은 무리를 이루는 경향이 있고, 모든 사람을 보호해야 할 필요를 느끼지 않으며 자신과 가장 가까운 사람들만 보호한다.

사회적 8유형은 자기보존 8유형보다 훨씬 관계적이며 도움을 주고 보호하는 경향이 있다. 자기보존 8유형과 대조적으로 보다 충실하고 덜 공격적이며 다른 사람들에게 벌어지는 부당함에 관심이 많고, 학대받는 동물들을 구출하는 것 같은 일을 좋아한다. 이들은 쉽게 친구를 만들고 자신이 돌보는 사람들에게는 충실한 지원자이다.

일대일 8유형은 저항하고 통제권을 쥔 사람이 되며 사람들의 관심을 사로잡음으로써 타인을 지배하고자 하는 욕구를 표출한다. 자기보존 8유형처럼 안전을 찾거나 사회적 8유형처럼 다른 사람을 보호하기보다 일대일 8유형은 상황을 장악하는 힘을 얻고자 한다. 이들은 매혹적이고 사람을 강하게 끌 수 있으며, 이들이 사람들을 장악하는 힘은 다른 8유형 하위유형들과 구별되는 일종의 강렬함을 통해 나온다. 이들은 훨씬 노골적으로 말하고 열정적으로 행동하며 충성을 요구하지만 자신은 충실함으로 보답하지 않을 수도 있다. 또한 관계 안에서 사람들을 소유하고 싶어 할 뿐 아니라 친구, 물건, 상황도 소유하려고 한다.

유의해야 할 8유형과 비슷한 유형들

자기보존 8유형은 일대일 1유형이나 5유형처럼 보일 수 있다. 이들과 일대일 1유형은 모두 공격성을 표현하고 자신이 원하는 것을 받을 권리가 있다고 여기는 점에서 비슷하다. 그러나 일대일 1유형은 도덕성에 관심을 가지고 일종의 더 높은 소명이나 권위로부터 자신의 권위를 얻는 반면, 자기보존 8유형은 사회적 규범과 관습적 도덕을 거스르는 것을 두려워하지 않으며 자신에게 스스로 권위를 부여한다. 1유형은 과도하게 사회적인 반면 8유형은 사회성이 부족하다. 한편 이들은 조용하고 자족적인 성향이 있어서 5유형과 비슷해 보인다. 그러나 8유형은 자신이 필요로 하는 것을 얻는 데에 있어 훨씬 힘과 통제, 공격성을 표출하기 때문에 5유형과 다르다. 이들은 또한 5유형보다는 단순하고, 적은 요소를 통해 최대 효과를 이루려는 사고방식을 가지고 있다.

사회적 8유형은 다른 8유형들보다 매우 관계 지향적이고 공격성이 훨씬 덜 드러나기 때문에 2유형특히 여성이나 9유형특히 남성처럼 보일 수 있다. 그러나 여전히 상당히 자기주장이 확실하고 저항적이며 직설적이기 때문에 이 유형들과 구별된다.

일대일 8유형은 일대일 4유형처럼 보일 수 있는데 두 유형 모두 열정적이고 강렬하며 분노와 우월성을 향한 욕구를 쉽게 표현하기 때문이다. 그러나 일대일 4유형은 폭넓은 감정을 경험하고 이들의 분노는 통제와 힘에 대한 욕구보다 이해받지 못한다는 느낌 또는 시기나 경쟁심에 뿌리를 두는 점이 서로 다르다. 이들은 일대일 6유형처럼 보일 수도 있는데 모두 강하고 위협적이며 저항적으로 보일 수 있지만, 일대일 6유형은 내재된 두려움이 동기이며 그와 반대로 일대일 8유형은 힘과 영향력에 대한 욕구가 동기이다.

8유형의 하위유형들을 식별하는 질문들

주의초점

Q 다음 중 당신을 가장 잘 설명하는 것은 무엇인가?

a 나는 나 자신과 가족을 위해 물질적 안전을 창출하는 일에 가장 주의를 집중한다.

b 나는 사람들을 보호하고 권력을 가진 사람들이 그들의 힘을 남용하지 않도록 하는 일에 가장 주의를 집중한다.

c 나는 내가 열정을 느끼는 일을 함으로써 힘의 기반을 구축하고 영향력을 갖는 일에 가장 주의를 집중한다.

관계를 맺는 방식

Q 다음 중 당신을 가장 잘 설명하는 것은 무엇인가?

a 나의 관계 맺기 방식은 강렬하면서도 신중하다고 특징지을 수 있다. 나는 내가 필요한 것을 얻기 위해 말을 하거나 많은 것을 공유할 필요가 있다고 느끼지 않는다.

b 나의 관계 맺기 방식은 누군가 내가 관심을 가지고 있는 사람들을 해치려는 일을 하지 않는다면 따뜻하고 친근하다고 특징지을 수 있다. 그러나 누군가 내 사람들을 해치려 들면 나는 강력하고 적극적이 될 수 있다.

c 나의 관계 맺기 방식은 강렬하며 카리스마 있고 도발적이라고 특징지을 수 있다. 나는 사람들의 관심을 사로잡음으로써 나의 힘을 느끼고 싶어 한다.

전반적 외양

Q 다음 중 당신을 가장 잘 설명하는 것은 무엇인가?

a 사람들은 나를 내성적이고 강하며 능력 있다고 생각한다.

b 사람들은 나를 적극적이고 도량이 넓으며 타인을 지지한다고 생각한다.

c 사람들은 나를 힘이 있고 카리스마 있으며 열정적이라고 생각한다.

Q 다음 중 당신을 가장 잘 설명하는 것은 무엇인가?

a 당신은 나를 감정적이거나 취약하다고 생각할 일이 거의 없을 것이다.

b 당신은 내가 감정적이거나 취약한 경우를 거의 보지 못할 것이다. 그러나 사람, 아이, 동물이 누군가에게 괴롭힘을 당하는 것을 보면 나는 행동을 취한다.

c 당신은 내가 무언가 또는 누군가에 대해 강렬하거나 열정적인 느낌이 들면 자주 주기적으로 감정적이 되는 것을 보게 될 것이다.

> **a** 자기보존　　**b** 사회적　　**c** 일대일

9유형의 세 가지 하위유형은 다음 측면에서 서로 다르다.

주의초점과 융합
자신의 신체적 편안함과 일상 vs 그룹 vs 중요한 개인

자기보존 9유형은 신체적 욕구의 만족이라는 느낌과 융합하여 편안하게 머무는 일에 초점을 맞춘다. 익숙한 일상 또는 독서나 먹는 행위 같은 한두 가지 좋아하는 활동 속에서 자신을 잊음으로써 자신의 우선순위 또는 존재감과 존재의 내재된 공허감이 주는 고통을 회피하는 방식으로 신체적 편안함에 집중한다.

사회적 9유형은 이들이 소속된 그룹과 공동체를 지원하는 일에 초점을 맞춘다. 이들은 소속감을 느끼고 싶은 욕구에서 그룹이나 팀과 융합되고 매우 열심히 일하며 자신의 스트레스를 다른 사람과 나누지 않는다. 또한 그룹에 받아들여지기 위해, 그룹과 하나 되기 위해 필요한 일은 무엇이든 하고자 한다. 이들은 조화를 이루고 갈등과 분리를 막기 위해 무조건적으로 다른 사람에게 맞춘다.

일대일 9유형은 자신의 삶 속에서 중요한 개인들, 즉 동반자, 부모, 자녀, 가까운 친구와 융합된다. 이들은 자신의 내면 안에서 찾을 수 없는 존재감을 얻기 위해 개개의 다른 사람들에게 초점을 맞춘다. 이들은 자신만의 의제와 연결될 수가 없으며 홀로 서는 일이 어렵게 느껴질 수 있어 무의식적으로 누군가의 태도, 감정, 의견들을 취한다. 이들은 삶의 목적을 발견하고 그러한 목적이 결핍되었다는 자신의 느낌을 회피하기 위한 방식으로 중요한 사람과 융합될 수 있다.

어조와 태도

자기보존 9유형은 실용적인 사람들로, 다른 9유형들보다 훨씬 강력한 존재감을 갖는다. 이들은 다른 9유형보다 혼자만의 시간을 더 많이 원하는 경향이 있으나, 행동을 취하는 데에 있어서 9유형 모두 관성을 경험한다.

사회적 9유형은 유쾌하고 걱정이 없으며 친근하고 재미있는, 호감을 주는 사람들이다. 이들은 관대하고 이타적이며 다른 사람을 배려한다. 이들은 수다 떠는 것을 좋아하고 사람들이 자신에게 지우는 책임을 충족시키기 위해 사심 없이 노력하기 때문에 좋은 리더이다. 그리고 이들은 그룹의 멤버들 사이에 조화를 이뤄내고자 하는 동기를 가진 천성적으로 훌륭한 중재자이다.

일대일 9유형은 다정하고 온화한 사람들이며 9유형의 세 하위유형 중에 가장 감정적이다. 이들은 자기주장이 별로 강하지 않으며 다른 사람의 필요를 충족시키는 데에 너무 집중하느라 자신의 욕구를 저버린다. 이들은 중요한 개인들과의 관계 속에서 자신을 잃을 수 있고 자신이 누구인지 아는 것에 어려움을 겪고 자신의 경험과 가까운 사람들과의 경험 사이에서 경계선 부재를 경험할 수도 있기 때문에 정체성 문제가 있을 수 있다.

유의해야 할 9유형과 비슷한 유형들

자기보존 9유형은 다른 유형과 혼동될 가능성이 적지만 8유형처럼 보일 수도 있다. 이들은 단단해 보이며 더 강력한 존재감을 가지고 화를 잘 내며 고집이 셀 수 있다.

사회적 9유형은 2유형과 3유형을 닮을 수 있다. 이들은 상냥하고 친근하며 다른 사람을 지원하기 위해 열심히 일한다는 점에서 2유형과 닮을 수 있다. 그러나 2유형과 달리 감사와 인정에 대한 강한 욕구가 없으며 관심의 중심이 되는 것을 선호하지 않는다. 또한 3유형처럼 보일 수도 있는데 굉장히 열심히 일하고 자신의 스트레스를 다른 사람들에게 보이지 않기 때문이다. 그러나 3유형과 달리 이들은 인정에 대한 욕구나 성공적으로 보이기 위해 이미지를 만들려 하지 않는다.

일대일 9유형은 4유형 그리고 2유형과 비슷하게 보일 수 있다. 이들은 9유형 중에 가장 감정직인 유형이며, 가까운 사람들과 융합되고 관계 속에서 밀고 당기는 역학에 민감하기 때문에 4유형이나 2유형과 닮았다. 그러나 4유형이나 2유형과 대조적으로 가장 감정적인 일대일 9유형이라 하더라도 감정적 폭이 훨씬 덜하다. 즉 4유형이나 2유형보다 감정 기복이 적다.

9유형의 하위유형을 식별하는 질문들

주의초점

Q 다음 중 당신을 가장 잘 설명하는 것은 무엇인가?

a 나는 내가 좋아하는 일상과 활동에 상당한 주의를 기울인다.

b 나는 내가 관련된 그룹을 지원하기 위해 열심히 일하는 데에 상당한 주의를 기울인다.

c 나는 나의 삶 속에서 중요한 개인에게 상당한 주의를 기울인다.

태도와 감정적 성향

Q 다음 중 당신을 가장 잘 설명하는 것은 무엇인가?

a 나는 비록 감정적으로 흔들림이 별로 없지만 내면에서는 상당히 화가 나며 고집을 부릴 수 있다.

b 나는 비록 감정적으로 흔들림이 별로 없지만 내면에서는 특히 소속감을 느끼지 못할 때 슬플 수 있다.

c 나는 비록 감정적으로 흔들림이 없지만 때때로 나와 가까운 사람들과의 관계에서 일어나는 일에 감정적인 반응을 보일 수 있다.

Q 다음 중 당신을 가장 잘 설명하는 것은 무엇인가?

a 사람들은 나를 느긋하고 다부지며 실용적이고 때로는 고집이 세다고 느낀다.

b 사람들은 나를 상냥하고 적극적이며 열심히 일하고 이타적이라고 느낀다.

c 사람들은 나를 친근하고 매력적이며 다정하고 자기주장이 강하지 않은 사람이라고 느낀다.

편안함을 느끼는 영역

Q 다음 중 당신을 가장 잘 설명하는 것은 무엇인가?

a 나는 내가 가장 좋아하는 일을 하고 혼자 이완할 수 있는 공간을 갖는 것에 편안함을 찾는다.

b 나는 대의명분과 내가 소속된 공동체를 지지하기 위해 적극적으로 일하는 것에 편안함을 찾는다.

c 나는 삶에서 중요한 사람들과 연결되는 것에 편안함을 느낀다.

a 자기보존   **b** 사회적   **c** 일대일

1유형의 세 가지 하위유형은 다음 측면에서 서로 다르다.

걱정과 불안의 경험

자기보존 1유형은 가장 걱정이 많은 1유형이다. 이들은 무언가에 대한 걱정, 일을 하는 상황의 모든 세부사항까지 통제해야 한다는 욕구, 그리고 자신의 생활 안에서 많은 것을 걱정하며 생존에 대한 두려움의 수준이 매우 높다. 사회적 1유형과 일대일 1유형 역시 어느 정도의 걱정을 느낄 수 있지만, 이들은 일반적으로 자기보존 1유형보다 걱정을 덜 경험한다.

분노의 경험과 표현

자기보존 1유형은 분노를 표현하는 것이 '나쁘다'거나 '잘못되었다'고 믿기 때문에 가장 많이 분노를 억압한다. 이들에게 있어 분노의 열기는 '따뜻함'으로 전환된다. 이들은 일반적으로 따뜻하고 친근해 보이는데, 습관적으로 '반동형성'이라는 방어기제를 사용하기 때문이다. 이는 분노의 느낌을 해결하고, 분노의 느낌이 일으키는 죄책감과 스트레스를 방어하는 방법으로써 무의식적으로 무언가를_{이 경우 분노를} 그 반대의 것인 선행과 친근함으로 바꾸는 것이다. 그러나 분노는 자기보존 1유형의 경우 새어나올 것이다. 종종 신체적으로 긴장할 수도 있고, 때때로 초조하거나 좌절한 듯 보일 수도 있으며, 분노가 더 이상 억압될 수 없을 정도로 커졌을 때 주기적으로 화를 낼 수도 있다. 또한 나타낸 분노에 대해 스스로 정당하다고 느껴지지 않을 때 이 분노를 표현하는 자신이 나쁘다고 느끼며 죄책감을 느낄 것이다.

사회적 1유형도 어느 정도 분노를 억압한다. 이들은 분노의 경험이 '침착한' 또는 '차가운' 모습으로 전환되고 보다 지적이며 교사의 위치에서 옳다고 생각하는 길을 다른 사람에게 모범으로 보이는 데에 더 집중한다. 이들은 무의식적으로 자신의 분노를 '진실의 소유자'가 되는 방향으로 돌리는데, 그래서 종종 무언가에 대해 자신은 옳고 남들은 틀리다고 믿을 수 있다. 옳다는 믿음은 이들로 하여금 우월하게 느끼게 해주고_{비록 의식적으로 우월해지는 것을 목표로 한 것은 아니지만} 타인에게 힘을 휘두르는 데 있어 본인이 안전하다고 느끼게 해준다. 따라서 사회적 1유형은 옳은 것을 주장하는 것 또는 일을 하는 최선의 방법을 알고 다른 사람에게 맞추지 않는 방법으로 분노를 표현할 것이다. 그리고 스트레스를 받을 경우, 이들 역시 주기적으로 분노를 폭발시킬 수 있으며, 특히 다른 사람들이 '옳은 방식'으로 하지 않을 때 자주 그렇게 된다.

일대일 1유형이 1유형의 세 가지 하위유형 중에 가장 노골적으로 화를 내고 분노를 표현하는 것에 죄책감을 적게 느낀다. 이들은 분노가 세상_{타인과 전반적 사회}을 완벽하게 만들고자 하는 욕구에서 자연스럽게 나오는 에너지라고 설명한다. 이들은 자신이 원하는 것을 취하고 다른 사람에게 행동하는 방식이나 일하는 방식을 지시할 자격이 있다는 생각을 가지고 있다. 그리고 자신이 하는 일에 열의를 보이는데, 이 열의는 동기 부여를 위한 분노로서 자신들이 생각하는 옳은 방식으로 타인을 완벽하게 만들고 싶어 한다. 올바른 방식에 대한 이 영감은 자신이 '더 잘 안다'거나 높은 도덕적 규범이나 소명과 연결되어 있다는 내적 감각으로부터 온다. 따라서 언제나 화가 나 있는 것처럼 보일 수 있으나 대부분 상당히 예의바르고 상냥하다. 그러나 자신이 강력한 감정을 갖는 무언가에 주의를 돌리면, 변화와 개선이 일어나도록 강력하게 밀어붙이는 방법으로써 쉽게 분노를 표출할 수 있다.

완벽노력의 초점
완벽주의적 vs 이미 완벽 vs 다른 사람을 완벽하게 만듦

자기보존 1유형은 진정한 '완벽주의자'이다. 이들은 자신과 자기 주변의 모든 것을 완벽하게 만들고자 애쓴다. 이들은 세부사항에 주의를 기울이며 모든 것이 완벽하도록 모든 것을 세부적으로 통제해야 한다는 걱정을 잘 놓지 못한다. 또한 자신이 매우 불완전하므로 완벽하게 만들 필요가 있다고 생각하며, 이를 매우 심각하게 받아들이고 충분히 괜찮다는 믿음을 쉽게 갖지 못한다.

사회적 1유형은 '완벽'하다. 이는 이들이 '올바른 방식'이 무엇인지 찾는 일에 엄청난 시간과 에너지를 소모하며 그것을 고수한다는 뜻이다. 그렇기 때문에 자신이 옳은 길이나 최선의 길을 안다는 자신감이 있으며 쉽게 다른 사람들이 일하는 방식에 맞추지 않는다. 그리고 일단 옳은 방식을 알면 그것을 따르며, 자신이 옳은 또는 완벽한 방식을 준수하고 있다는 것을 알고 그 사실 속에서 보다 안정적으로 쉬기 때문에 작업 결과물의 세세한 세부사항까지 완벽하게 만드는 일에 대해서는 스트레스를 받지 않는다.

일대일 1유형은 다른 사람을 완벽하게 만들고 사회를 개혁하는 일에 초점을 맞추기 때문에 '완벽주의자'보다 '개혁가'라는 이름과 더욱 관련된다. 이들은 대상을 완벽하게 하려는 자신의 수고를 외면화시켜, 사람들이 어떻게 하는 것이 더 나은지 또는 사회가 어떻게 더 완벽해질 수 있는지에 초점을 맞춘다. 이들은 다른 사람들이 자신이 말하는 옳은 방식을 따르지 않으면 분노할 수 있다. 그리고 세상의 불완전에 대한 분노는 이들로 하여금 변화와 개혁을 가져오기 위해 열정적으로 일하도록 동기를 부여한다. 이들 중 일부는 매우 자기비판적이지만, 자신의 주의를 다른 사람들 또 그들이 더 완벽해지기 위해 어떻게 바뀌어야 하는지에 대해 초점을 두는 경향이 있다. 이들은 또한 '뒷문trap-door 1유형'으로서, 사람들에게는 올바르거나 더욱 완벽해지기 위해 어떻게 해야 하는지 말하면서 자신은 '나쁜' 행동을 하기도 한다.

유의해야 할 1유형처럼 보이는 유형들

자기보존 1유형은 상당한 불안과 걱정을 가졌다는 점에서 자기보존 6유형처럼 보일 수 있다. 그러나 자기보존 6유형과 달리 자기보존 1유형은 자신을 그렇게 많이 의심하지 않으며, 특히 자신이 하는 일에 적용하는 완벽의 기준에 대해서 그렇게까지 의심하지 않는다.

사회적 1유형은 매우 지적이며 옳은 방식을 보여주는 모범생이나 교사의 역할을 취함으로써 그룹으로부터 자신을 구별한다는 점에서 5유형과 비슷해 보일 수 있다. 그러나 5유형과 달리 사회적 1유형은 일을 하는 '올바른 방식'에 초점을 맞추며 다른 사람에게 올바른 행동의 모범을 보인다.

일대일 1유형은 8유형, 특히 자기보존 8유형처럼 보일 수 있다. 두 유형 모두 분노를 보일 수 있고 자신이 원하는 것을 향해 나아가며 자신이 원하는 것을 얻기 위해서 필요한 행동을 할 자격이 있다는 느낌을 갖는다. 그러나 8유형은 스스로 자기만의 규칙을 만들고 자신이 원하는 것을 얻기 위해 규칙을 깨는 반면, 일대일 1유형은 보다 객관적인 규범이나 일련의 기준이라고 여기는 것을 고수한다.

1유형 하위유형을 식별하는 질문들

걱정

Q 당신은 과업이나 프로젝트를 할 때 개선시켜야 할 문제들에 대해 얼마나 많은 시간을 걱정하면서 지내는가?

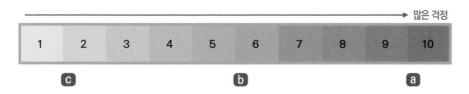

완벽주의

Q 당신은 얼마나 완벽주의자인가? 완벽주의는 가능한 모든 세부사항까지 완벽하게 만드는 것으로 정의함

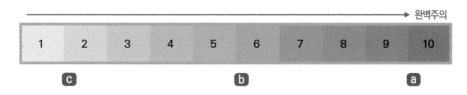

Q 당신은 자신을 완벽주의자, 교사, 개혁가 중에 무엇이라고 생각하는가?

a 완벽주의자

b 교사

c 개혁가

비판과 판단

Q 당신은 자신이 하는 일을 모니터링할 때 자신을 더 비판하는가, 아니면 다른 사람 또는 외부 세계와 전반적 사회를 더 비판하는가?

a 보다 자기비판적

ⓑ 두 가지 경향이 다 있거나 두 번째로 강한 하위유형이 어느 쪽인지에 따라 어느 한 쪽으로 기울 것

ⓒ 다른 사람과 사회에 더 비판적

분노

Ⓠ 분노를 느끼고 표현하는 것이 어느 정도 편안한가?

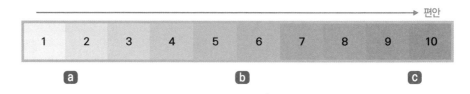

Ⓠ 다음 중 당신을 가장 신경 쓰이게 하는 것은 무엇인가?

ⓐ 실수를 했는데 더 잘 했어야 한다는 생각이 들 때

ⓑ 다른 사람들이 내가 옳다는 사실에 동의하지 않을 때

ⓒ 다른 사람들이 그들의 삶이나 전반적 사회를 개선시키기 위해 할 수 있는 쉬운 일을 하지 않을 때

전반적 어조/태도

Ⓠ 다음 중 당신에게 가장 잘 맞는 성격 묘사는 무엇인가?

ⓐ 사람들은 나를 따뜻하고 친근하다고 말한다.

ⓑ 사람들은 나를 준비가 잘 되어 있고 지적이라고 말한다.

ⓒ 사람들은 내가 열정이 넘치고 대의명분에 깊이 헌신한다고 말한다.

2유형의 세 가지 하위유형은 다음 측면에서 서로 다르다.

다른 사람과 상호작용할 때의 주의초점

세 가지 2유형들이 모두 인정을 얻기 위해 다른 사람의 기분을 맞추지만, 각 2유형은 서로 다른 목적으로 주의를 기울인다. 자기보존 2유형은 안전한 느낌, 상처와 거부의 회피에 주의를 기울인다. 사회적 2유형은 권력을 취하며 그룹 안에서 영향력 있고 유능한 사람으로 인정받는 것에 주의를 둔다. 일대일 2유형은 중요한 개인들과의 연결 및 관계를 형성하기 위해 주로 매력을 드러낸다.

자기보존 2유형은 다른 사람에게 상처받는 것에 예민하기 때문에 훨씬 조심스러워하고 오해받거나 침해당했을 때 움츠러드는 경향이 있다. 사회적 2유형은 지도자 위치를 차지하고 그룹이나 팀에 영향을 끼치고자 할 가능성이 높다. 일대일 2유형은 호감을 주며 매력적인 모습을 통해 특정 사람들을 매혹시키는 일에 더 초점이 맞춰져 있다.

자기보존 2유형은 무의식적으로 다른 사람으로부터 보호와 보살핌을 받고 싶어 하며, 사회적 2유형은 존경받고 없어서는 안 될 존재가 되기 위해 다른 사람의 보호자나 지원자가 되는 경향이 있고, 일대일 2유형은 자신의 필요를 충족시켜줄 하나의 특별한 사람을 찾기 원한다.

인식되지 못한 욕구들을 충족시키는 방법

2유형들이 전부 자신의 욕구를 인식하지 못하고 _{무의식적으로} 다른 사람의 기분을 맞춤으로써 자신의 욕구를 간접적으로 충족시키고자 할 수 있지만, 이들은 각각 다른 방식으로 자신의 인식되지 못한 욕구를 충족시키려고 한다.

자기보존 2유형은 무의식적으로 귀여움, 유쾌함, 명랑함, 호감을 통해 다른 사람을 매혹시키고 기분을 좋게 해줌으로써 간접적으로 자신의 욕구를 충족시키려고 한다. 이들은 상대가 자신에게 보상해 주리라는 희망으로 타인에게 도움을 줄 수는 있지만, 다른 사람의 욕구에 가장 부담을 느끼기 때문에 타인에게 도움을 제공하는 것에 대해 양가감정을 더 경험한다. 또한 사람들이 자신을 좋아하고 보살피도록 만들기 위한 한 가지 수단으로써 도움을 베풀고 너그러울 수 있지만, 다른 한편으로 다른 사람의 욕구를 충족시켜야 하는 일에 쉽게 지치고 분개할 수 있다. 항상 '돕기'보다는 사람들의 마음을 얻거나 유대를 형성하기 위한 방법으로 호감을 주며 재미있고 함께 있으면 즐거운 사람이 되려고 하지만 무의식적으로 자신이 그들에게 돌봄과 보호를 받기를 바란다. 이들은 천성적으로 '교사의 애제자' 역할에 빠져 보살핌받고 특권을 얻으며 권위자에게 사랑받는 사람이 된다.

사회적 2유형은 다른 2유형들에 비해 자신의 욕구를 더 잘 인식하는 경향이 있다. 이들은 사람들이 존경하는 강력하고, 인상 좋은 사람이 됨으로써 자신의 욕구를 충족시키려는 계획을 갖고 있기 때문에 다른 사람과 상호작용할 때 매우 전략적인 성향이 있다. 자기보존 2유형은 보호에 대한 필요를 타인을 통해 충족시키는 반면, 보다 강력하고 힘을 추구하는 사회적 2유형은 보호자가 되는 경향이 있다. 즉 영향력과 위치를 얻는 수단으로써 다른 사람에게 보호를 제공하고 자신의 욕구를 충족시키기 위해 보다 전략적인 방식으로 그들에게 필요한 것을 준다. 이들은 야망이 있으며 초인처럼 유능하고 높은 자리에 오를만한 사람, 리더의 자질을 가진 사람 같은 이미지를 쌓음으로써 자신의 욕구를 충족시키려고 한다. 이렇게 해서 영향력과 우위를 갖고자 하며 많은 청중을 지배하는 사람이 됨으로써 자신의 욕구를 충족시키려고 한다.

일대일 2유형은 특정 개인들과 강한 유대를 형성함으로써 자신의 인식되지 못한 욕구를 충족시키려고 한다. 특별하고 호감 가는 이미지를 구축하여 애정 어린 유대를 바탕으로 자신을 지지하고 자신이 필요로 하는 것을 줄 개인들의 마음을 얻고 싶어 한다. 호감을 주는 매력적인 모습으로 사람들의 충성과 헌신을 얻으려고 하며 일대일 관계를 통해 자신의 욕구를 충족시키려고 한다. 또한 다른 사람들이 어떻게든 자신의 욕구를 충족시켜주고 싶은 마음이 들도록 매력적이고 멋진 모습을 보이려고 애쓴다. 욕구가 있지만 표현하고 싶지는 않은 딜레마를 자신이 필요로 하는 것은 무엇이든 줄 누군가와 강력한 유대를 형성하는 것으로 해결한다.

유의해야 할 2유형과 비슷해 보이는 유형들

자기보존 2유형은 4유형이나 자기보존 6유형처럼 보일 수 있다. 이들은 다른 2유형보다 더 감정적이고 기분 변화가 있고 상처를 더 쉽게 받기 때문에 4유형처럼 보일 수 있다. 4유형과 달리 자신보다 다른 사람의 감정과 필요에 더 초점이 맞춰져 있다. 그리고 다른 2유형보다 불안해하고 두려움이 많으며 의심이 많기 때문에 자기보존 6유형처럼 보일 수 있다. 그러나 6유형과 달리 자기보존 2유형의 두려움은 주로 관계에 초점이 맞춰져 있는데, 이들은 주로 거부당하는 것이나 인정받지 못하거나 호감을 얻지 못하는 것을 두려워한다.

사회적 2유형은 3유형이나 사회적 8유형처럼 보일 수 있다. 이들은 열심히 일하고 야망이 큰 편이며, 다른 2유형보다 인정에 대한 욕구가 더 많고 일중독이 될 경향도 더 강하기 때문에 쉽게 3유형과 혼동될 수 있다. 그러나 3유형과 달리 사회적 2유형은 자신의 감정과 더 많이 연결되어 있으며 성취와 생산성보다 다른 사람을 돕고 지지하는 전략에 너 의지하는 경향이 있다. 또한 8유형처럼 보일 수도 있는데, 특히 사회적 8유형 역시 열심히 일하고 다른 사람을 돕는 일에 집중하기 때문이다. 그러나 사회적 8유형과 달리 사회적 2유형은 자신의 연약함과 더 연결된 경향이 있으며, 때로는 타인의 관심을 얻는 수단으로 그 연약함을 내보이기도 한다.

일대일 2유형은 다른 유형들과 혼동되는 일이 적지만 가끔 일대일 4유형과 비슷해 보일 수 있다. 일대일 4유형처럼 극적일 수 있고 사람들의 마음을 얻는 수단으로서 호소력 있고 매력적인 사람이 되는 일에 초점을 맞출 수 있다. 그러나 일대일 4유형과 대조적으로 일대일 2유형은 전반적으로 자기주장이 덜하고 다른 사람의 기분을 맞추는 일에 더 집중하는 경향이 있다.

2유형의 하위유형을 식별하는 질문들

외양/특징

Q 다음 중 어느 것이 당신을 가장 잘 설명하는가?

a 젊고 매력적인 사람

b 강력한 리더

c 매력적인 파트너

Q 다음 일련의 성격 묘사 중 어느 것이 당신을 가장 잘 설명하는가?

a 쾌활하고 유머러스함

b 영향력 있고 유능함

c 매력적이고 특별함

욕구를 충족시키는 방법

Q 다음 중 당신의 욕구를 충족시키기 위해 가장 자주 사용하는 방법은 무엇인가?

a 스스로 또는 소수의 중요한 다른 사람을 통해 또는 나의 지원자나 보호자로 내가 의지하는 사람들을 통해

b 내가 이끄는 그룹과 지원하는 사람들을 통해

c 배우자나 내 삶에서 중요한 개인들이나 동지들을 통해

핵심 우선순위들

Q 다음 중 당신에게 가장 중요한 것은 무엇인가?

a 내가 의지할 수 있는 소수의 가까운 사람들을 얻는 것

b 그 자리에 있는 사람들을 읽고 그룹/팀/청중의 마음을 얻는 것

c 내 삶에서 가장 중요한 사람/또는 내가 좋아하는 한두 명의 중요한 사람들을 얻는 것

a 자기보존   **b** 사회적   **c** 일대일

3유형의 세 가지 하위유형은 다음 측면에서 서로 다르다.

경쟁: 이기는 것의 중요성, 공격성의 정도

자기보존 3유형은 일반적으로 다른 사람과 경쟁하는 일에 관여하지 않는다. 이들은 그보다는 자기 자신과 경쟁한다. 즉 이들은 최고가 되고 싶어 하지만 좋게 보이기 위해서 다른 사람과 경쟁해야 한다고는 생각하지 않는다. 결과를 얻어내고 일을 잘하기 위한 근면과 능력이 이들이 어떤 사람인지 입증해주지만, 남의 눈에 좋게 보인다는 기분을 느끼기 위해 다른 사람보다 더 나아 보이려고 하지는 않는다.

사회적 3유형은 가장 경쟁적인 유형으로서 이들에게 성공이란, 가장 많이 성취하고 최고로 보이며 무슨 일이든 자신이 하는 일에서는 사람들을 '이기기' 위해 다른 사람들과 경쟁해야 한다고 여긴다. 다른 두 3유형보다 더 공격적이고 더 허영심이 강한 이들은 이기기 위해 경쟁하는 일에 상당한 주의를 기울인다.

일대일 3유형은 자신의 성공이 타인의 성공을 통해 온다고 보는 경향이 있어서 다른 사람을 지원하려고 하기 때문에 그들과 그렇게 경쟁하지 않는다. 이들은 경쟁하기보다 사람들과 관계를 형성하고 지지와 격려를 하고자 한다. 세 가지 3유형 중에 가장 관계 지향적이기 때문에 이기는 것보다 다른 사람들을 위한 훌륭한 치어리더가 되는 일에 더 초점을 맞춘다. 이들은 자신이 지원하는 사람들이 이기면 만족을 얻는다.

하는 일에 동기를 부여하는 것

자기보존 3유형은 주로 안전의 느낌을 얻는 것으로부터 동기 부여를 받는다. 보통은 재정적이고 물질적인 안전이지만, 자신이 일을 잘 해냈다거나 다른 사람들이 자신을 도덕적으로 훌륭하거나 덕이 있다고 보는 것에서도 안도감을 느낀다. 이들 중 어떤 사람은 보호나 지원을 받지 못한 과거를 가지고 있기 때문에, 자신이 안전하다는 감각을 다루어야 한다는 필요에 의해 일찍이 '행동가'가 되는 법을 배운다. 또한 다른 두 3유형보다 훨씬 불안해하는 경향이 있으며 이들의 불안은 종종 물질적 안전을 얻기 위해 열심히 일하도록 부추긴다. 이들의 일중독 경향은 지원받는 것과 관련된 자신의 불안과 불확실성을 줄이기 위해 무엇이든 하려는 것이다. 즉 자신과 가족 또는 자신에게 의지하는 사람들을 위해 충분한 재정적 보장을 얻으려고 하는 것이다.

사회적 3유형은 특히 높은 권력, 명성, 지위를 얻는 측면에서 다른 사람의 눈에 좋게 보이고자 하는 욕구로부터 주로 동기 부여를 받는다. 부와 지위가 이들에게는 중요하지만, 충분한 재정적 안전을 갖지 못한 것에 대한 불안감보다는 흠 하나 없고 성공적인 이미지를 만들기 위해 경쟁한다.

일대일 3유형은 다른 사람과의 관계 즉 중요한 다른 사람을 매혹하고 상호 존경과 애정을 바탕으로 관계를 누리는 것 그리고 다른 사람들이 그들의 목표를 성취하도록 지원하는 것에서 동기 부여를 받는다.

인정받는 것과 자기표현에서 느끼는 편안함

자기보존 3유형은 자기표현, 특히 공공연하거나 공개적으로 이기적인 관심을 추구하는 모습에 불편을 느낀다. 특히 사회적 3유형보다 더 온건한 이들은 사람들의 눈에 좋게 보이고 싶긴 하지만, 자신의 긍정적 성취와 자질들을 자랑하거나 광고하는 것이 좋은 이미지라고 생각하지는 않는다. 이들은 미덕에 높은 가치를 두며, 허영심이나 과도한 자기 홍보는 덕이 있는 행동으로 보이지 않기 때문에 적극적으로 자신을 드러내려고 하지 않는다.

사회적 3유형은 자기표현을 더 편안하게 하며 훨씬 적극적으로 하고 인정받기를 좋아하며 추구한다. 이들은 무대에 올라 스포트라이트 받기를 좋아하며 주목을 끄는 방법을 찾고 다른 사람들의 눈에 좋게_{성공적이고 많은 것을 이룬 사람처럼} 보이기 위한 것을 비교적 편안하게 느낀다.

일대일 3유형은 인정받는 일에 관해 수줍어하는 경향이 있고 성공적이며 매력적으로 보이고 싶어 하지만, 관심의 중심이 되는 것을 좋아하지 않으며 사람들의 관심을 받을 다른 사람들을 적극적으로 자기 앞으로 밀어놓는다. 이들은 스포트라이트 앞에서 불편해하며 자신이 지지하는 사람들에게 초점이 맞춰지도록 할 것이다.

유의해야 할 3유형과 비슷한 유형들

자기보존 3유형은 1유형이나 6유형처럼 보일 수 있다. 열심히 일하며 믿을 수 있고 도덕적으로 훌륭하며 덕이 있는 사람으로 보이기 때문에 1유형처럼 보인다. 하지만 1유형은 도덕적이고 덕이 높다는 것에 대한 감각과 우수함이 내면의 기준이나 내적 감각에서부터 오지만, 3유형은 외적 규범이나 공적 합의에 의해 정의된 '좋은 모습'을 기준으로 하기에 구별된다.

사회적 3유형은 다른 유형들과 혼동될 가능성이 적다. 이들은 열심히 일하며 공격적이고 리더의 자리를 차지하고 싶어 하며 큰일을 추진하고 싶어 한다는 점에서 8유형처럼 보일 수 있다. 8유형과 구별되는 점은 이들은 적절한 이미지를 투사하고 사람들이 자신에 대해 어떻게 생각하는지 신경 써야 한다고 인식하는 반면, 8유형은 보통 이미지를 만들지 않고 사람들이 어떻게 생각하는지 _{최소한 의식적으로는} 그다지 신경 쓰지 않는다는 점이다.

일대일 3유형은 2유형이나 7유형, 때로는 8유형처럼 보일 수 있다. 이들은 인간관계에 상당히 초점을 맞추고 다른 사람을 기분 좋게 하는 사람들이기 때문에 2유형처럼 보일 수 있다. 그러나 2유형과 달리, 필요한 사람이라는 자부심이 그다지 없고_{중심적 동기로서는}, 세 3유형 중에 가장 감정적인 유형임에도 불구하고 자신의 감정과 덜 연결되어 있다. 또한 7유형처럼 보일 수 있는 이유는 사람들을 응원하는 열정적 치어리더이고 유쾌하며 긍정적이고 낙천적이라는 태도를 갖기 때문이다. 그러나 7유형은 자기 참조_{자기가 기준이 되며 자신에 대해 언급을 하는}인 반면, 3유형은 타인 참조이며, 자신을 어떤 모습으로 내보일지 결정하는 데에 있어 다른 사람이 가치 있게 여기는 것에 더 주의를 둔다. 8유형처럼 자기주장도 강하고 분노도 쉽게 표현하지만 8유형과 달리 분노 밑에 있는 슬픔을 느끼고 감정을 표현하기보다 분노를 표출하는 것이 더 쉽고 유용하기 때문에 분노를 표할 때가 있다. 또한 3유형은 다른 사람들이 자신을 어떻게 보는지 상당히 신경 쓰는 반면, 8유형은 사람들의 인정과 애정을 얻기 위해 이미지를 관리해야 할 필요성은 느끼지 못한다.

3유형의 하위유형 식별 질문들

인정에 대한 필요성과 편안함

Q 다음 중 어느 것이 당신을 가장 잘 설명하는가?

a 내가 성취한 내용으로 인정받고 싶긴 하지만, 공공연하게 자랑하거나 나를 알리는 일은 잘못되었다고 느낀다.

b 내가 이겼을 때나 사람들이 나의 성취를 인정해줄 때 나는 기분이 제일 좋다.

c 내가 성취한 일로 관심을 받을 때보다 내가 지지하는 사람들이 인정받을 때 더 만족감을 느낀다.

선호하는 성취 방식

Q 다음 중 성취나 성취감과 관련해서 당신이 가장 만족감을 느끼는 경험을 설명한 것은 무엇인가?

a 매우 뛰어난 결과를 성취하기 위해 열심히 일할 때

b 훌륭한 성과를 이루고 나와 내 팀이 멋져 보이도록 하는 방식으로 일을 잘 했을 때

c 다른 사람들을 지원하기 위해 열심히 일할 때, 내가 지지하는 사람들이 성공해서 기분이 좋을 때

경쟁심의 정도

Q 당신은 얼마나 경쟁적인가?

a 나는 나 자신과 경쟁하거나 이전의 내 성과 수준과 스스로 비교하기 때문에 다른 사람들과 경쟁하지 않는다.

b 나는 매우 경쟁심이 강하며 이기는 일에 상당한 에너지를 집중한다.

c 나는 경쟁심이 있긴 하지만, 경쟁하는 일이 불편하게 느껴져 차라리 주변 사람들이 성공을 차지하도록 하며, 내가 아끼는 사람들이 내 성공의 결과로 안 좋게 되는 것을 원하지 않는다.

활동의 동기

Q 다음 중 당신에게 가장 동기 부여가 되는 것을 잘 설명하는 것은 무엇인가?

a 큰 인정을 받지 못하더라도 무언가를 아주 잘하는 것

b 비록 완벽하지 않더라도 훌륭한 작업에 대해 나_{또는 내 팀}에게 인정을 가져다 줄 무언가를 하는 것

c 다른 사람들이 성공하도록 도울 무언가를 하는 것

a 자기보존　**b** 사회적　**c** 일대일

4유형의 세 가지 하위유형은 다음 측면에서 서로 다르다.

괴로움과 고통스러운 감정의 경험

자기보존 4유형은 참을성이 강하다. 이들은 자신을 증명하고 사랑을 얻는 수단으로 열심히 일함으로써 자신의 괴로움을 적극적으로 느끼지 않거나 억누른다. 4유형은 자신을 다른 사람과 비교하는 데 초점을 두는 경향이 있으며 다른 사람에 대해 열등감 또는 우월감을 느낀다. 자기보존 4유형은 스펙트럼의 열등감 쪽에 더 가까운 편이지만 종종 자신이 열등하지 않음을 증명하고 싶은 욕구로 동기 부여를 받는다.

사회적 4유형은 훨씬 더 괴로워한다. 그래서 자신의 괴로움과 수치, 열등감, 결핍의 고통스러운 감정을 느끼고 표현하며 다른 사람과 자신을 비교할 때 열등감으로 더 가는 경향이 있다. 그러나 자기보존 4유형처럼 그것을 해결하기 위해 무언가를 하는 대신에 사회적 4유형은 열등감 속에 머물면서 그 안에 빠져버리는 성향이 높다.

일대일 4유형은 자신의 괴로움을 외부로 투사시키기 때문에 괴로움을 거부한다. 자신이 경험하는 모든 괴로움의 감정 대신에, 이들은 자신의 욕구를 충족시켜 주기를 요구하면서 다른 사람들을 괴롭힌다. 자신의 괴로움을 표현하는 대신에 이들은 다른 사람으로 하여금 자신의 필요를 충족시키고 욕구를 만족시키도록 함으로써 자신이 인지하지 못하는 괴로움을 다른 사람을 통해 처리하려고 한다. 그렇기에 자신과 다른 사람을 비교할 때 우월감을 느끼는 경향이 있으며 보다 거만한 태도를 취한다.

행동의 참여 여부와 적극적인 노력의 초점

자기보존 4유형은 사람들에게 자신을 증명하고, 자신에게 결핍되어 있다고 생각하는 것을 얻고, 사람들과의 관계에서 느낄 수 있는 모든 시기심을 밀어내거나 억누르기 위해 노력한다. 때로 이들은 자신을 증명하고 자신의 일에서 높은 수준의 성공을 이루기 위해 열심히 일한다는 점에서 3유형처럼 보일 수 있다. 이들은 상당한 노력을 기울이지만, 자기 자신의 수고를 파괴하는 경향이 있어서 크게 앞으로 나아가지 못하는 때도 있을 수 있다. 이들은 충동적일 수 있지만, 또한 스스로 충동을 억제하기도 한다.

사회적 4유형은 자신의 감정과 지나치게 동일시되는 경향이 있어서, 습관적으로 자신의 기분에 과하게 휘말려 행동을 취하기 어렵게 된다. 이들은 자신의 기분에만 초점을 맞추고 있어 행동할 추진력을 얻는 것이 어렵다.

일대일 4유형은 자신의 가치와 특별함을 증명하기 위한 생산적 방식, 또 자신의 우월성을 입증하기 위해 다른 사람과 경쟁하는 비생산적인 방식 모두를 취한다.

감정을 경험하고 표현하는 방식 그리고 어떤 감정들이 더 우세한가?

자기보존 4유형은 자신의 상황에 대해 불평하거나 감정을 표현하지 않고 수치, 고통, 시기 같은 힘든 감정들을 단절시키며, 부정하거나 혼자서만 느끼고 간직하는 경향이 있다. 이들은 일반적으로 가정 안에서 자신의 고통스러운 감정이 인식되거나 지지받지 못했다는 어린 시절 경험을 갖고 있고 자신의 감정을 표현하는 것이

별 효과가 없었고 힘든 감정들을 표현하지 않는 것으로 사람들의 인정을 얻었다고 말한다. 이들은 고통 그리고 관련 감정들의 경험에 관해서는 혼자서 '굳세게 견디는' 것을 미덕으로 여기기 때문에 불평 없이 괴로움을 견딘다. 힘든 감정들은 이들에게 결핍된 것을 얻거나 자신의 가치를 사람들에게 증명하기 위한 행동을 취하게 하는 동기 부여 역할을 한다. 그러나 자신의 고통을 다른 사람과 공유하지 않으며 불평하지도 않고 스스로 일을 해냄으로써 애정을 얻기를 원한다.

사회적 4유형은 '슬픈 4유형'으로 자신의 감정을 온전히 경험하며 힘든 감정들을 타인과 쉽게 소통한다. 다른 사람들은 이들이 자신의 고통 속에서 '뒹굴고' 부정적 감정 속에 살고 있다고 생각할 수도 있다. 이들은 매우 예민하고 자신의 고통과 관련 감정들, 가령 수치심, 슬픔, 갈망, 시기를 쉽게 표현한다. 그래서 다양한 영역에서 비교적 성공하여도 자신은 무언가가 잘못되었다는 믿음을 전달하면서 자신에게 결함이 있다고 확신하곤 한다.

일대일 4유형은 '화난 4유형'으로 수치심, 슬픔, 시기 같은 자신의 고통스러운 감정을 부인하고 그것을 외부 세계에 투사하는 경향이 있다. 자신의 우월성을 증명하기 위해 다른 사람과 경쟁하는 일에 초점을 두거나, 욕구가 충족되지 못하거나 다른 사람의 인정을 받지 못하는 것에 분노를 표현한다. 그리고 적극적으로 자신의 욕구를 충족시켜 달라고 다른 사람에게 요구함으로써 자신의 고통을 외면화시켜서 그것을 경험하지 않으려고 한다. 그래서 경쟁의 형태로 시기를 표현하며 화가 나면 시기 어린 분노를 표현한다. 이들은 시기나 결핍을 느끼기보다는 자신들은 우월하며 마땅히 보상을 받을 자격이 있다는 태도로 그것을 대체하려고 한다. 이들이 그 밑에 있는 슬픔과 고통에 닿으려면 자신의 분노를 느끼는 작업을 해야 할 것이다.

유의해야 할 4유형과 비슷한 유형들

자기보존 4유형은 1유형, 3유형, 때로는 7유형처럼 보일 수 있다. 스스로에게 엄격하고 자신을 증명하기 위해 열심히 일한다는 점에서 1유형과 비슷하다. 그러나 1유형과 대조적으로 이들은 자신의 감정과 더 많이 연결되어 있고 관계에 더 많이 초점을 맞춘다. 열심히 일하고 감정을 억누른다는 점에서 3유형처럼 보일 수 있지만 이들은 3유형보다 훨씬 감정적이며 자기 의심에 더 사로잡히고 내면의 결핍감에 더 집중한다. 그리고 그것을 보상하고자 한다.

사회적 4유형은 다른 유형과 혼돈될 가능성이 적다. 때로는 상황 속에 없는 것이나 잘못된 것에 초점을 맞추며_{사람들 눈에 비관주의자로 보일 수 있음} 권위를 의심하고 순응하지 않는 사람일 수 있다는 점에서 6유형처럼 보일 수 있다. 하지만 두려움에 의한 동기가 적다는 점에서 6유형과 다르다.

일대일 4유형은 일대일 2유형이나 일대일 8유형이나 7유형처럼 보일 수 있다. 감정적이고 극적이며 관계 중심이라는 점에서 일대일 2유형처럼 보일 수 있지만 훨씬 자기주장이 강하고 화를 잘 내며 자신의 이미지가 좋게 보이도록 관리하는 일에 신경 쓰지 않는다는 점에서 2유형과 다르다. 상대적으로 분노를 표현하는 일을 편안하게 생각한다는 점에서 8유형처럼 보일 수도 있으나 8유형보다는 훨씬 이미지 지향적이며 좀 더 광범위한 감정과 연결되어 있다. 이들은 이상주의적이고 에너지가 크다는 점에서 7유형처럼 보일 수도 있다. 7유형과 다른 점은 이들의 초점이 긍정적이고 즐거운 것에만 맞춰져 있지 않다는 것이다.

4유형의 하위유형을 식별하는 질문들

감정의 경험

Q 당신이 감정을 어떻게 경험하는지 다음 중 가장 잘 설명하는 것은 무엇인가?

ⓐ 나는 감정을 깊이 느끼지만 대부분 마음속에 간직한다.

ⓑ 나는 폭넓은 감정을 느끼며, 나의 감정을 느낄 때 가장 자신과 연결된 기분이 들고, 다른 사람들에게 내가 어떤 기분인지 말하는 것을 주저하지 않는다.

ⓒ 나는 때때로 강렬한 감정을 느끼며, 화를 내거나 경쟁심의 표출을 두려워하지 않는다.

슬픔과 울적함

Q 다음 중 당신을 가장 잘 설명하는 것은 무엇인가?

ⓐ 슬픔을 느낄 수 있지만, 사람들이 긍정적인 감정을 듣기 원한다고 생각하기 때문에 항상 표현하지는 않는다.

ⓑ 슬픔은 나에게 익숙한 감정이고, 그것을 사람들이 볼 수 있게 전부 드러내는 경향이 있다.

ⓒ 이따금 슬픈 기분을 느끼기도 하지만, 거기에 너무 오래 머무르지 않는다. 차라리 그 에너지를 내가 원하는 것을 얻는 데에 쏟아서 슬픈 기분이 들지 않도록 한다.

자신과 다른 사람을 비교하는 것

Q 다음 중 당신을 가장 잘 설명하는 것은 무엇인가?

a 나는 때때로 나 자신을 다른 사람과 비교하지만, 상대가 내가 원하는 무언가를 가진 것을 보면 나는 그것을 얻기 위해 열심히 일한다.

b 나는 다른 사람들보다 '부족'하다고 느끼는 경향이 있다. 말하자면 상대와 나를 비교하고 불충분한 느낌을 갖게 된다.

c 다른 사람들과 나를 비교할 때 나는 경쟁자가 하는 것보다 내가 더 잘할 수 있다고 생각하며 종종 그것을 증명하고자 하는 충동을 느낀다.

필요에 대한 태도

Q 다음 중 당신과 당신의 필요와의 관계를 가장 잘 설명하는 것은 무엇인가?

a 무엇인가 필요할 때, 나는 스스로 얻으려고 노력하며 아주 가까운 사람이 아니면 다른 사람들을 귀찮게 하지 않으려고 한다.

b 무엇인가 필요할 때 나는 그것을 해결할 능력이 불충분하다는 생각이 들며 필요한 것을 갖지 못했을 때 그에 관련된 감정들 속에 갇히곤 한다.

c 무엇인가 필요할 때 나는 거리낌 없이 그것을 요구하고 원하는 것을 필요할 때 요구하는 것은 부끄러운 일이 아니다.

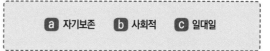

a 자기보존 　**b** 사회적 　**c** 일대일

5유형의 세 가지 하위유형은 다음 측면에서 서로 다르다.

경계선 vs 대의명분에 대한 헌신 vs 예술적 표현 및 소수와의 친밀한 관계

자기보존 5유형은 보통 경계를 명확하게 하려고 하며 혼자 있고 싶을 때 쉴 수 있는 사적 공간을 가지는 것을 중요하게 여긴다. 이들 중 대부분이 혼자 집에 있는 것을 좋아하거나 집 안에서도 자신만의 일종의 성소 같은 사적 공간이 있다고 말할 것이다. 이들은 다른 사람이 침범하는 것에 민감하며, 이때의 '침범'은 자신에 대해 사람들이 묻는 것뿐만 아니라 사적인 물리적 공간에 침입하는 것까지 전부 해당된다. 또한 자신의 경계선을 통제하고 있으면서 원할 때는 안전한 공간으로 물러날 수 있다는 확신이 있어야 한다. 이들은 명료한 시간제한이 있는 상호작용을 좋아하며 다른 사람에게 초점을 맞추거나 함께 있고 싶지 않은 사람들과 시간을 보내는 것을 피하기 위해 여러 방법들을 사용한다.

사회적 5유형은 대의명분이나 자신의 가치를 표현하며 지적으로 끌리고 삶에 의미를 주는 전문 지식 분야에서 일하는 것을 중요하게 여긴다. 자신이 속한 그룹, 이를테면 자신이 지지하고 일하는 명분 또는 특정 지식 분야에의 강렬한 관심이나 전문 지식이 있어야 멤버로 속할 수 있는 그룹에 대해서 장시간 이야기할 수 있다. 그런 명분이나 그룹에 대해 상당한 열정을 표하며 이런 그룹이나 명분을 가족과 가까운 친구들처럼 자기 삶 안의 사람들보다 우선시한다. 이런 그룹이나 명분은 또한 이들의 삶에 의미를 제공하고 삶이 무의미하다는 사회적 5유형이 _{의식적으로 또는 무의식적으로} 가지고 있는 더 깊은 두려움에 맞서게 해준다.

일대일 5유형은 신뢰할 수 있는 관계를 형성하고 창의적이거나 예술적인 작업을 통해 자신의 감정을 표현하는 것에 더 관심을 기울인다. 이들은 관계에 대해 높은 이상을 가졌기에 진정으로 있는 모습 그대로를 보여줄 수 있는 누군가를 찾지만 이는 보통 실현되지 않는 이상이다. 역유형이기에 전형적인 5유형처럼 보이지 않을 때도 있다. 이들은 적절한 상황에서는 인간관계를 향한 욕구를 더 많이 가지고 있고 특정 개인들과의 대화를 원하며 깊은 부분을 나눌 수 있는 가능성을 찾는다. 그러나 관계가 안전한지 확인하고 강한 신뢰의 관계가 있는지 확인하기 위해 상대방을 시험할 수도 있다. 그래서 다른 5유형에 비해 자기표현에 주의를 기울인다. 이들은 일종의 예술의 형태를 통해 내면의 낭만적인 기질을 표현하는 직업이나 취미가 있는 편이다.

관계 맺기와 연결의 방식

자기보존 5유형은 사람들에게 따뜻한 경향이 있다. 이들은 세상 속에서 안전하다고 느낄 수 있게 도와줄 경계선을 세우고 유지하는 일에 너무나 많은 주의를 기울이기 때문에 어느 정도 자유롭게 사람들에게 따뜻함과 친근함을 표현한다. 또한 이런 모습이 경계선 역할을 할 수도 있다. 이는 관심을 보이는 모습으로 보호적인 위장을 해서, 사람들에게 자신의 이야기를 하도록 강요받지 않기 위해서이다. 이들은 경계선을 정확하게 인식하고 있으며, 상당히 친밀할 수 있지만 거리를 두고 관찰하는 것을 더욱 편안하게 느끼며 대부분의 상호작용 시에 필요한 경우 이용할 수 있는 탈출 경로를 마련해 두고 있다.

사회적 5유형은 지적으로 공동의 관심분야나 지식을 통해 다른 사람과 관계를 맺는다. 이들은 일상의 삶 속에서 가까운 사람들보다 전문 지식이나 정보에 의해 연합된 그룹에 속해 있고 적절한 거리를 두고 있는 사람들과 더욱 연결된 느낌을 가질 수 있다. 이들은 일상의 삶 속에서 감정이나 공감을 통해 직접적으로 지지할 때보다 지식이라는 매개체를 통해 다른 사람과 관계 맺을 때나 공동의 명분을 지지할 때에 더욱 편안하게 느낀다. 상당히 사교적으로 보일 수 있지만, 이들 역시 매우 거리를 두고 떨어져 있으며 다른 사람과 전반적인 상호작용에서 감정적으로 둔감할 수 있다.

일대일 5유형은 더 깊은 관계를 맺을 수 있는 사람들을 찾는다. 즉 이들은 일대일 관계를 향한 욕구가 더 크지만, 동시에 관계에 있어 높은 수준의 신뢰를 요구함으로써 다른 사람을 신뢰하는 것이 쉽지 않다. 이들은 다른 두 5유형보다 더 깊은 일대일 관계를 필요로 하며 즐긴다. 또한 시, 사진, 음악 같은 예술적 매개체를 통해 내면의 감정을 표현함으로써 다른 사람과 관계를 맺고자 한다. 그렇기에 사람들과 오랜 기간 상호작용하기를 원하며, 적극적으로 일대일 관계를 맺을 수 있는 사람들을 찾는다. 또한 감정을 더 많이 표현하기 때문에 4유형처럼 보이며 적절한 상황에서 자신의 감정을 다른 사람과 공유하고 싶다고 말한다. 이들은 관계가 자신의 신뢰 수준에 만족할 만한 상태가 될 때까지 다른 사람들에게 마음을 열도록 요구할 수 있다.

유의해야 할 5유형과 비슷한 유형들

자기보존 5유형은 다른 유형과 혼동될 가능성이 적다. 이 유형이 가장 5유형답고 다른 5유형보다 따뜻하며 친근하게 보일 수 있다. 이들은 자신의 경계선을 침범하려는 사람을 피하려는 수단으로써 따뜻하고 유머러스한 경향이 있다. 이들은 자기보존 6유형이나 자기보존 7유형과 비슷해 보일 수 있다.

사회적 5유형은 7유형처럼 보일 수 있다. 자신의 생각에 대해 이들이 느끼는 열정과, 새로운 정보를 발견하거나 자신과 관심사를 공유하는 사람들과 정보를 공유하면서 갖는 흥미가 7유형을 닮을 수 있다. 이들은 피상적으로만 사교적이며, 공동의 명분을 지지하기 위해 다른 사람과 함께 일할 수 있다.

일대일 5유형은 4유형처럼 보일 수 있고 특히 자신이 느끼는 내면이 그럴 수 있다. 4유형과 5유형이 여러 면에서, 특히 감정 면에서 반대되긴 하지만, 사람들은 자신이 5유형날개 기질이 있는 4유형인지 아니면 일대일 5유형인지 결정하는 데에 어려움을 겪을 수 있다. 그러나 외적으로, 이들은 다른 5유형과 매우 비슷해 보인다.

5유형의 하위유형을 식별하는 질문들

핵심 욕구와 스스로 편안하다고 느끼는 영역

Q 다음 중 어느 것이 당신의 이야기라고 느껴지는가?

ⓐ 나는 물러나 있을 수 있는 사적인 공간이 필요하며 아무런 요구도 받지 않고 집에서 안전하게 있을 때 가장 행복하다고 느낀다.

ⓑ 나는 내가 하는 일과 내가 추구하는 지적 관심사에서 의미를 찾아야 하고 내가 믿는 대의명분을 지지하거나 추진하기 위해 일할 때 가장 행복하다고 느낀다.

ⓒ 몇몇 특정 사람들과 연결된 기분을 느껴야 하고 적절한 상황에서 공유할 수 있는 사람들과 있을 때 가장 행복하다고 느낀다.

주의초점

Q 다음 중 당신을 가장 잘 설명하는 것은 무엇인가?

ⓐ 나는 안전하다고 느끼는지 그리고 침범을 쉽게 막아낼 수 있는 경계선에 상당한 주의를 기울인다.

ⓑ 나는 공유하는 관심사를 통해 다른 사람과 연결되는 것으로 내가 가치가 있다고 여기고 공통의 작업을 하는 다른 전문가들과 연결됨으로써 지식을 얻는 것에 상당한 주의를 기울인다.

ⓒ 나는 특정 방식으로 예술적 또는 창의적으로 자신을 표현하는 일과 내가 열정을 느끼는 일을 공유할 수 있는 몇몇 사람들을 찾는 일에 상당한 주의를 기울인다.

감정의 경험

Q 다음 중 어느 것이 당신의 감정을 가장 잘 설명하는가?

a 나는 안전하고 사적인 공간에서 혼자 있을 때 감정을 느끼는 것이 가장 편안하며 타인의 감정에 휘말리는 것을 방어한다.

b 나는 나의 감정을 지식으로 축적하고, 내가 연결을 느끼며 강렬하게 관심이 가는 일에 에너지를 대신 쏟음으로써 편안함을 느낀다.

c 나는 나의 감정을 파트너나 소수의 신뢰하는 친구들과 공유하고, 좋아하는 예술 형태나 창의적인 발산 수단을 통해 표현하는 것이 편안하다.

6유형의 세 가지 하위유형은 다음 측면에서 서로 다르다.

두려움의 경험과 초점 _{공포순응 대 공포대항}
그리고 두려움과 불안에 대처하는 방법

자기보존 6유형은 일반적으로 두려운 감정을 인식하고 여러 종류의 위협들을 두려워한다. 이들은 두려움을 처리하기 위해 자신을 보호해 줄 타인을 찾으며, 사람에게서 보호를 불러일으키기 위해 친근하고 따뜻하게 대하려고 한다. 이들은 '따뜻한 6유형'이며 공포순응 또는 공포를 가장 두려워하는 6유형으로서, 위협과 두려움의 원천으로부터 물러나려고 한다. 이들은 다정한 6유형이며 두려움에 대한 반응으로 맞서 싸우거나 도망치는 6유형 중에서는 도망치는 6유형이다.

사회적 6유형은 때때로 자신의 두려움을 인지하기도 하고 자신을 휘두르는 두려움을 알지 못하기도 한다. 이들은 대상에 대한 반응으로써 공포순응과 공포대항의 혼합을 보여준다. 이러한 두려움과 불안을 해결하기 위해 일 처리에 관한 지침이나 규율, 기준을 알려주는 비인격적 권위인 지식 시스템이나 이데올로기를 찾는다. 기준이 무엇인지, 자신의 의무가 무엇인지, 그리고 참조할 사항이 무엇인지 알게 되면 이들이 무엇을 해야 할 지를 명확하게 알려주는 대상이 생기므로 편안해진다. 이들은 훨씬 지적이며 침착하거나 냉정한 6유형으로 두려움에 대처하는 방식으로 자신의 삶을 안내할 훌륭한 권위를 찾은 '순종적' 6유형이다.

일대일 6유형은 더 깊은 수준에서 두려움에 의한 충동으로 움직이면서도 두려움을 인지하지 못할 때가 많다. 두려움에 반응하여 강력해지려고 하고 스스로 위협적이 됨으로써 두려움에 맞서려고 한다. 대부분의 6유형이 공포순응과 공포대항 행동을 혼합한 행동을 보이지만, 이들은 스펙트럼에서 공포대항 쪽에 훨씬 가깝다. 그렇기에 '최선의 방어는 공격'이라는 생각을 바탕으로 움직인다. 또한 자신의 두려움의 원천을 마주하기 위해 그것을 향해 직접 나아가고, 강력한 방식으로 대처함으로써 두려움을 해결한다. 이들은 위협 앞에서 훨씬 공격적이라는 점에서 '뜨거운' 또는 '공격적인' 또는 '맞서 싸우는' 6유형이다.

권위와의 관계, 권위와의 관계 안에서의 행동

자기보존 6유형은 권위에 대해서 의심하거나 반항적일 수 있지만, 불안정하거나 두려울 때는 보호를 찾아 다른 사람에게 기댄다. 이들은 자신의 힘을 타인에게 투사하기 때문에 내면에서 약함과 망설임을 느끼며 보호와 지지를 찾아 중요하고 신뢰하는 사람들에게 의존하는 경향이 있다. 자신과 다른 사람 모두에게 의문을 제기하며, 의심하는 경향이 있고, 스스로의 의심 때문에 무력화될 수 있지만 누군가를 향한 신뢰를 키울 수 있다면 그들은 과하게 충실하고 꾸준할 수 있다. 그리고 이들은 스스로를 신뢰하고 내적인 권위 감각을 키우는 일을 힘들어하기 때문에 지지를 찾아 자신이 신뢰하는 사람들에게 의존한다.

사회적 6유형은 두려움에 대처하는 수단으로 믿을 수 있는 훌륭한 권위를 실제로 찾는다. 이 권위는 사람이나 사고 시스템이나 지식 분야가 될 수 있다. 이들은 이 지침을 고수함으로써 세상에서 안전하다는 감각을 느끼기 때문에 순종적 6유형처럼 보인다. 그들은 자신의 삶을 만드는 외부의 권위에 관련된 규칙과 조언을 정확하게 때로는 지나치게 의지하고 따름으로서 불확실성을 처리한다.

일대일 6유형은 권위 인물에 대하여 가장 의구심이 많고 반항적이다. 6유형 모두에게 있어 신뢰가 중요한 문제이긴 하지만, 이들은 다른 사람에 대한 신뢰를 키우는 데에 가장 어려움을 겪으며 대부분 자기 자신만을 신뢰한다. 또한 6유형 중에 가장 반대 의견을 표하고 외부 권위에 의해 영향을 받거나 압도당하는 것으로부터 스스로를 보호하기 위해 자동적으로 논쟁의 반대 측을 취한다. 극도로 주의 깊고 경계하는 이들은 외부 권위를 받아들이고 굴복하는 일에 상당히 어려움을 겪는다.

불확실성과 애매모호함과의 관계

자기보존 6유형은 가장 불확실하고 애매모호하며 회색 상태에서 살고 '이것은 흑 또는 백'이라고 말하는 것을 힘들어한다. 이들은 모든 것 그리고 모든 사람에 대해 의문을 제기하고 의심하며 자신의 의심도 의심한다. 이들은 확실성을 찾길 너무나 원하지만, 이들의 사고방식으로는 모든 것에 대해 언제나 의심의 여지가 있기 마련이므로, 그 어느 것에 대해서도 확실한 것이 없고 그래서 명확한 느낌을 받기가 어렵다.

사회적 6유형은 자기보존 6유형의 반대로서 불확실성과 관련해서 확실성을 찾기 위한 수단으로써 일종의 외부 권위를 통해 찾고자 한다. 애매모호함은 사회적 6유형에게 불안을 불러일으키기 때문에 붙들 수 있는 외부 권위를 찾음으로써 확실성을 찾는다. 그러다보니 소위 과도한 '광신자'처럼 무언가에 대해 지나치게 확신하게 된다는 점에서 자기보존 6유형과 다르다.

일대일 6유형은 위협, 위기, 불확실성, 위험을 다루는 데에 있어 자기 자신과 자신의 능력이 가장 확실하다고 느낀다. 이들은 누구든 위협을 가할 수 있다고 내면에서 믿기 때문에 다른 사람을 주시하면서 불일치와 다른 위험 신호들을 살핀다. 이들은 위험한 상황에 대처하고 위협을 몰아내는 자신의 능력에서 확실성을 찾는다.

유의해야 할 6유형과 비슷해 보이는 유형들

자기보존 6유형은 자기보존 1유형과 자기보존 2유형처럼 보일 수 있다. 이들은 높은 수준의 걱정이나 불안을 가진 경향이 있다는 점에서 자기보존 1유형처럼 보일 수 있지만 자기보존 1유형은 자기비판적이며 자신이 적용하는 완벽의 기준에 대해 더 자신감이 있고 자기보존 6유형 정도로 스스로를 의심하지 않는다. 자기보존 2유형처럼 보일 수도 있는데 두 유형 모두 다른 사람들로 하여금 자신을 지지하고 보호하도록 만드는 방법으로써 친근하고 기분을 맞추려고 노력하기 때문이다. 그러나 자기보존 6유형의 두려움은 보다 보편적이고 전반적인 반면, 자기보존 2유형은 사람들의 반감이나 사랑하는 사람들을 잃는 것을 주로 두려워한다.

사회적 6유형은 사회적 1유형과 자기보존 3유형처럼 보일 수 있다. 사회적 6유형은 고도로 지적이며 정밀한 방식으로 규율을 지키려고 하는 유형이기 때문에 사회적 1유형처럼 보일 수 있다. 그러나 사회적 1유형은 무엇이 옳은지에 대한 감각이 내면에서 나오는 반면, 사회적 6유형은 외부 권위에 자문한다. 사회적 6유형은 자기보존 3유형처럼 보일 수도 있는데, 왜냐하면 자기보존 3유형 또한 불안해하는 경향이 있고 열심히 일하고 생산적이며 효율적이 됨으로써 그 불안에 대처하기 때문이다. 그러나 사회적 6유형의 두려움은 훨씬 일반적이고 이들의 행동 이면에 있는 보다 중심적인 추진력이 있는 반면, 자기보존 3유형은 주로 물질적 안전을 둘러싼 두려움이다.

일대일 6유형은 8유형처럼 보일 수 있다. 이들은 강력함을 우선시하고 위협을 느낄 때 공격적일 수 있기 때문에 8유형처럼 보일 수 있다. 두 유형 모두 강력하고 위협적이며 영향력 있고 반항적일 수 있지만 6유형은 주로 동기가 두려움인 반면, 8유형은 일반적으로 두려움이 없다.

6유형 하위유형을 식별하는 질문들

불안에 대처할 때 선호하는 양식

Q 다음 중 당신을 가장 잘 설명하는 것은 무엇인가?

a 나는 경계를 늦추지 않고 의문을 제기하며 시험하고 보호자와 동맹자들을 찾음으로써 불안에 대처한다.

b 나는 삶을 어떻게 살지에 관한 지침을 제시하는 훌륭한 권위인 사고 시스템이나 합리적인 삶의 틀을 찾음으로써 나의 불안에 대처한다.

c 나는 경계를 늦추지 않고, 다른 사람들의 행동에서 불일치를 찾으며, 강한 지위로부터 오는 위협이나 위험을 향하여 강력함으로 맞선다.

신뢰

Q 다음 중 당신을 가장 잘 설명하는 것은 무엇인가?

a 나는 쉽게 또는 완전하게 신뢰하지 않지만, 나를 보살피고 내 편인 소수의 사람들을 신뢰한다.

b 나는 안전한 느낌을 줄 수 있는 일련의 기준이 되는 소수의 핵심 권위나 권위적 시스템만 신뢰한다.

c 나는 타인보다 나 자신을 신뢰한다. 위협이 나타나면 내가 대처할 수 있다는 것을 안다.

종합적 외양

Q 다음 중 당신을 가장 잘 설명하는 것은 무엇인가?

a 사람들은 내가 따뜻한 사람이라고 한다. 사람들이 나를 공격하거나 상처 주지 않도록 친근하게 행동하려고 노력한다.

b 사람들은 내가 차분하고 지적인 사람이라고 말한다. 나는 불확실성을 피하기

위해 내가 하는 일에 있어서 정밀하고 정확하려고 노력한다.

ⓒ 사람들은 내가 다소 공격적이고 때로는 도전적인 사람이라고 말한다. 그러나 내가 반항적이거나 분노할 때는 일반적으로 위협을 느끼기 때문이다.

불확실성

Ⓠ 당신의 불확실성에 대처하는 방법을 가장 잘 설명하는 것은 무엇인가?

ⓐ 나는 언제나 불확실함을 느낀다. 나는 확실성을 찾기 위해 노력하지만 언제나 모든 것을 의심하고 의문을 제기한다. 그래서 일반적으로 확실성을 가지고 있지 않다.

ⓑ 나는 내가 의지할 수 있는 것을 알게 해 줄 일련의 규칙이나 원칙들을 지킴으로 확신을 얻는 것을 선호한다. 불확실성은 나를 불안하게 만든다.

ⓒ 비록 삶이 본래부터 불확실하지만, 나는 위협 앞에서 강력하고 스마트하며 유능함을 통해 자신을 방어할 수 있는 자신의 능력에서 확실성을 찾는다.

취약함에 대처하는 법

Ⓠ 다음 중 당신을 가장 잘 설명하는 것은 무엇인가?

ⓐ 나는 항상 취약하다고 느낀다. 잘못될 수 있는 상황에 대비해서 위기 속에서 침착할 수 있도록 노력하지만, 위험에 취약하며 보호가 필요하다고 느끼는 경향이 있다.

ⓑ 이따금씩 취약함을 느끼기는 하지만, 취약함을 덜 느끼도록 해주는 사고 시스템을 바탕으로 한 특정 지침을 따르려고 노력한다.

ⓒ 내가 거의 스스로를 돌볼 수 있다는 것을 알기 때문에 나는 취약함을 거의 느끼지 않는다.

> **ⓐ** 자기보존　**ⓑ** 사회적　**ⓒ** 일대일

7유형의 세 가지 하위유형은 다음 측면에서 서로 다르다.

실용주의 vs 이상주의의 정도

자기보존 7유형과 일대일 7유형은 실용주의 대 이상주의 스펙트럼의 양극단을 보여준다. 일대일 7유형의 고양된 이상주의와 자기보존 7유형의 부족한 이상주의 사이에, 그리고 일대일 7유형의 잘 속는 성향 즉 피암시성과 자기보존 7유형의 냉소적인 불신 사이에는 양극성이 있다.

자기보존 7유형은 매우 실질적이고 실용적이다. 이들은 현실주의적이 되고 기회를 활용함으로써 일을 만들어낸다. 일대일 7유형은 반대로 자신의 상상 속에서 살며 현실을 미화하거나 삶을 장밋빛 안경을 통해 바라보려고 한다. 자기보존 7유형은 물질적 안전에 관해 훨씬 불안을 느끼는 경향이 있는데, 이로 인해 이들은 동맹 관계를 형성하며, 이득을 창출하기 위한 기회들을 살피고, 일을 성사시키는 실용적인 방식들을 신중하게 계획하여 부를 창출할 방법을 찾고자 한다. 일대일 7유형은 재미없거나 불편하거나 자신의 상상력을 제약하는 듯이 보이는 현실로부터 도망친다. 일대일 7유형은 삶의 현실보다 더 좋은 무언가를 상상하는 몽상가들이다. 이들은 훨씬 현실적이며 즐거움뿐 아니라 안전의 느낌을 찾아 매일의 현실 속에서 일하고자 하는 자기보존 7유형과는 대조적으로 지나치게 낙천적이고 열정적이며 순진한 경향이 있다. 사회적 7유형은 보다 중도적으로, 사람들을 위해 세상을 더 이상적인 곳으로 만들고자 하는 열정적인 비전을 제시하는 성향이 강하다.

주요 주의초점

자기보존 7유형은 네트워킹, 기회 찾기, 계획하기를 통해 안전의 느낌을 찾는 데 초점을 맞추는 경향이 있다. 이들은 언제나 생존과 즐거움을 만족시킬 좋은 기회들을 포착하기 위해 주의를 기울이고 있으며 모든 대화는 원하는 것을 얻기 위한 거래로 이어지는 경향이 있다. 이들은 붙임성 있고 유쾌한 스타일이며, 자신이 원하는 것을 얻고 떠나는 것에 초점을 맞추며, 이들이 하는 일은 일반적으로 자기이익이 동기이지만, 이 사실을 부정할 수 있다. 이들은 자신의 노력을 통해 무엇이든 가능하다는 느낌을 갖고 있으며, 자신이 필요로 하는 것을 얻는 방법을 찾을 수 있고 자신이 원하는 것을 얻어낼 수 있다고 생각한다. 이들은 쾌락과 동맹 관계 그리고 실제적이고 즐거운 경험에 대한 탐닉이 있다.

사회적 7유형은 자신보다 다른 사람들을 지원하려고 하며, 이를 위해 자기이익을 취하지 않도록 탐닉이나 더 많이 바라는 성향을 거스르는 것에 초점을 맞춘다. 7유형 성향의 일부는 일종의 자기 참조와 자기이익과 관련이 있지만, 사회적 7유형은 이를 거슬러 자신을 위해서는 적게 취하고 다른 사람에게 더 많이 주기로 결심한다. 이들은 자신을 희생함으로 좋게 보이고 싶은 일종의 탐닉을 표현한다. 자신의 이상과 세상을 지원하기 위해 일하는 것에 주의를 집중한다. 그를 통해 자신의 탐닉을 더 나은 사람이 되고 더 이상적인 세상을 만들기 위해 희생하며 이것이 쾌락이나 자신의 사익을 향해 끌리는 느낌으로부터 오는 죄책감을 정화시킨다. 흔히 다른 사람의 고통을 완화시키거나 자신의 가정, 팀, 공동체의 삶을 더 좋게 만드는 직업과 역할에 끌린다.

일대일 7유형은 자신의 생각 속에서나 꿈속에서 만든 긍정적인 세상에 보다 초점을 두는 경향이 있다. 이들은 더 이상적인 세상, 즉 사람과 경험을 실제 있는 그대로 보기보다 더 좋게 보려는 마음이 강하다. 또한 쉽게 그리고 자동적으로 모든 것을 긍정적으로 돌린다. 그렇기에 공상하고 과할 정도로 행복해하거나 열정적이며 자신이 원하고 상상하는 방식의 삶을 살고자 하며 쉽게 열정에 빠진다. 이들은 고통이 없는 극히 이상적인 현실을 향해 달려가며 잠재적으로 불편하고 제한적인 현실로부터는 떠나간다.

유의해야 할 7유형과 비슷한 유형들

자기보존 7유형은 3유형처럼 보일 수 있다. 가장 실용적인 이들은 계획하고 열심히 일함으로써 자신의 목표를 성취하는 일에 뛰어나기 때문에 3유형처럼 보일 수 있다. 그러나 3유형과 달리, 자신의 목표에 주의를 집중하는 데 더 어려움을 겪고 자신의 이미지와 청중에게 맞추는 일에 거의 신경을 쓰지 않는다.

사회적 7유형은 2유형처럼 보일 수 있다. 이들의 초점이 다른 사람에 대한 지지와 도움을 주는 것으로 향하기 때문에 2유형과 비슷해 보이게 한다. 그러나 이들은 주로 자기 참조로 자신이 원하고 필요로 하는 것에 조율되어 있다는 점에서 다른 사람이 원하고 필요로 하는 것에 초점을 맞추는 타인 참조인 2유형과 다르다. 그리고 2유형은 폭넓은 감정을 경험하는 이미지 유형인 반면, 그 정도로 이미지를 구축하지 않고 대부분 감정 스펙트럼에서 긍정적인 감정들에 치우쳐있다.

일대일 7유형은 5유형이나 9유형처럼 보일 수 있다. 매우 상상력이 풍부하고 정신적 측면에 초점을 맞춘다는 점에서 5유형처럼 보일 수 있고, 긍정적 전망을 가지고 있으며 전형적으로 갈등을 피하고 수동공격을 통해 저항할 수 있다는 점에서 9유형처럼 보일 수도 있다. 하지만 훨씬 열정적이고 말이 많기 때문에 5유형과 구별되며, 9유형은 타인 참조인 반면 이들은 자기 참조이라는 점에서 9유형과 다르다.

7유형의 하위유형을 식별하는 질문들

실용주의적 vs 이상주의적

Q 매우 실질적이고 실용적인 관점부터 매우 이상주의적이고 상상력이 풍부한 관점까지의 연결선상에서 당신은 스스로를 어느 위치에 두겠는가?

a 실질적이고 실용주의적 쪽이다.

b 중간, 또는 두 가지 다, 또는 선택하기 어렵지만 아마도 이상주의에 가까울 것이다. 그러나 끝까지는 가지 않는다.

c 이상주의적 쪽이며 항상 실질적인 것은 아니고 약간 순진하다.

탐닉의 발현

Q 다음 중 당신을 가장 잘 설명하는 것은 무엇인가?

a 나는 기회가 되는 일을 해낼 수 있고 내가 필요한 것을 얻기 위해 탐닉한다.

b 나는 탐닉을 그다지 부리지 않음으로써 좋게 보이고 내가 다른 사람들을 지원하고 행복하게 하려고 하는 모든 일에 대해 인정받는 것에 탐닉한다.

c 나는 이상주의 즉 세상을 가능한 최고의, 가장 긍정적인 시각으로 보는 것에 탐닉한다.

주의초점

Q 다음 중 당신을 가장 잘 설명하는 것은 무엇인가?

a 나는 해낼 수 있는 기회들을 활용하거나, 내가 원하는 것을 얻기 위해 열심히 일하거나, 일을 진행하기 위해 적절한 계획을 세우는 것에 가장 주의를 집중한다.

b 나는 세상을 이상적인 곳으로 만들 방법을 찾는 것이나 세상과 주변 사람들의

고통을 완화시킬 수 있는 일을 하는 것에 가장 주의를 기울인다.

ⓒ 나는 가능한 최선의 결과와 경험을 꿈꾸고, 그 다음에는 내 상상을 이용하여 그것을 현실로 만드는 일에 가장 주의를 기울인다.

전반적 외양

Ⓠ 다음 중 당신을 가장 잘 설명하는 것은 무엇인가?

ⓐ 사람들은 나를 재미있고 영리하며 실용적인 사람이라고 생각한다.

ⓑ 사람들은 나를 혁신적이고 비전을 제시하며 지지하는 사람이라고 생각한다.

ⓒ 사람들은 나를 이상주의적이고 낙관적이며 때로 순진하다고 생각한다.

Ⓠ 다음 중 당신을 가장 잘 설명하는 것은 무엇인가?

ⓐ 나는 내가 필요하고 원하는 것을 얻도록 보장해 줄 일을 하는 데 가장 에너지를 쏟는다.

ⓑ 나는 대단한 일들이 이루어지도록 다른 사람들을 지원하는 일에 가장 에너지를 쏟는다.

ⓒ 나는 정말로 재미있고 멋진 무언가를 상상한 다음 그 일이 실제로 이루어졌을 때 얼마나 멋질지 생각하는 일에 가장 에너지를 쏟는다.

ⓐ 자기보존　　ⓑ 사회적　　ⓒ 일대일

제 2 장

하위유형 성장 경로

에니어그램의 27가지 하위유형

이제부터 개인의 성장을 위한 방법으로 에니어그램의 27가지 하위유형을 알아보려 한다. 27가지 하위유형은 각각 고유한 성장 경로가 있다. 사람들이 방어적 구조를 가진 성격의 한계를 초월하고 더 많은 자유와 균형, 전체성을 계발하는 데 아래의 내용이 도움이 되길 바란다.

하위유형으로부터 얻은 개인에 대한 이해를 의식 변화의 3단계 모델에 맞춰서 사용하도록 다음과 같이 제안한다.

1. 자기관찰과 자기연구

개인의 성장을 위해 에니어그램을 사용하는 첫 번째 단계는 자기 관찰의 지침으로 사용하는 것이다. 우리는 자신의 삶이기 때문에 자기 자신을 '안다'고 생각할 때가 많다. 그러나 우리는 대부분 자동적, 무의식, 동기, 반응 및 습관에 따라 생각하고 느끼며 행동하고 있다. 이런 이유로, 에니어그램 성격 유형 및 하위유형의 첫 번째이자 최선의 사용은 우리가 더 적극적이고 철저하게 자신을 알 수 있도록 도와주는 이정표로 사용하는 것이다. 하위유형 설명은 사람들로 하여금 실제로 생각하고 느끼며 행동하는 것에 많은 주의를 기울이도록 도와준다. 에니어그램은 마치 과학자가 자연 현상을 연구하여 더 깊고 완전하게 이해하듯 사람들이 자기 자신을 탐구하는 데 도움을 준다.

이 '자기관찰' 단계는 당신이 실제로 생각하고 느끼며 행동하는 것을 판단하지 않고 그대로 인식하는 것이 매우 중요하다. 이 단계는 '내면의 관찰자'를 활성화하여 항상 하는 일을 알아차리는 것이 주된 활동이며 자신이 관찰한 것에 어떠한 종류의 판단, 반응, 행동도 취하지 않고 단순하게 지켜보는 것이 중요하다. 또한 이런 종류의 적극적인 인식은 긍정적인 변화를 일으키기도 하며, 더불어 자동적인 습관을 변화시키는 첫 번째 단계가 되기도 한다.

2. 의식적인 자기탐구와 탐색

성장의 나침반으로 에니어그램의 하위유형을 사용하는 두 번째 단계는 특정 패턴을 알아차리는 데 주의를 두는 것이다. 비생산적이거나 의도와 반대되는 결과를 초래하는 행동 패턴 이면에는 어떤 신념이 있는가? 습관적으로 피하고 있어서 의식적으로 경험할 수는 없지만 문제 행동을 유발하는 특정한 감정이 있는가?

각 하위유형의 성격에는 특정 장애물이나 사각지대, 도전을 나타내는 생각, 감정 및 행동 등 뚜렷한 패턴이 있다.

특정 패턴을 관찰하여 그것에 친근해지고 실제적으로 인식하는 것이 익숙해지면 우리가 왜 그 일을 하는지, 무엇이 동기 부여를 하는지, 그리고 무엇이 그것을 방어 수단으로 유지하는지 깊이 들여다볼 수 있게 된다. 우리가 회피하려는 경향이 있음을 깨닫고 의식적으로 회피를 하지 않으려는 시도를 지속해갈 때 방어 패턴의 통제는 느슨해지고 제한된 패턴으로부터 더 자유로워지게 할 수 있다. 의식적인 자기 성찰은 우리가 생각하고 느끼며 행동하는 것에 대해 의식적인 선택을 하도록 길을 열어준다.

3. 변화를 이루거나 자동적인 패턴을 관리하기 위한 의식적인 노력

세 번째 단계는 실제로 특정 패턴을 바꾸는 의식적인 선택을 하는 것이다. 앞서 말했듯이 자기관찰은 다르게 행동하기 위한 노력의 첫걸음이다. 우리가 하는 행동에 대해서 왜 그렇게 하는지 인식을 하지 못하면, 특정 패턴을 바꾸려 해도 효과가 없다. 왜냐하면 우리의 사고, 감정, 행동 패턴은 강력한 무의식적 동기이기 때문이다.

이러한 패턴은 보통 어린 시절에 상처를 입거나 위협적인 상황에 직면했을 때 생존하거나 방어하기 위한 방법으로 계발되었다. 그래서 우리가 하고 있는 행동을 건강하고 의식 있게 바꾸기 전에, 우리 속에 깊이 뿌리 내린 패턴들을 통해 우리가 무엇을 하고 있고 왜 하고 있는지 명확한 그림을 얻을 필요가 있다. 방어적 패턴은 일반적으로 어린 시절의 경험에 근거하며, 이는 어렸을 때는 생존하는 데 도움을 주었지만, 성장한 이후에는 제한적이거나 의도와 반대되는 결과를 가져온다. 방어적 패턴은 우리를 제한하며, 고정된 반응에 의존하게 만든다.

따라서 우리가 먼저 관찰하고 이해하게 된다면 고착된 패턴을 변경하거나 완화시키는 데 도움이 된다. 일단 우리가 더 높은 의식 수준을 가지면, 다양한 선택을 하려는 의지를 발휘할 수 있다. 궁극적으로 성장을 위해 하위유형을 사용하는 목적은 의식적으로 우리의 행동을 변화시키고 우리가 주의를 기울이는 것, 사고방식, 느끼는 방식 및 취하는 행동을 의식적으로 선택하도록 하는 것이다. 우리가 생각하고 느끼며 행동하는 것을 의식적으로 선택할 수 있을 때, 어린 시절의 필요성 때문에 생긴 반응 패턴으로부터 자유로워질 수 있다. 이렇게 될 때, 우리는 자신도 모르게 제한되며 고정된 방식으로 자동적인 반응을 하는 대신 원하는 방식으로 생활하고 일하기 위해 건강하고 효과적인 것을 자유롭게 선택할 수 있는 능력을 계발하게 된다.

8유형의 세 가지 하위유형

자기보존 8유형은 직설적이고 강력한 방식으로 생존에 필요한 것을 향해 나아가며, 사회적 8유형은 다른 사람들을 보호하려는 욕구를 가지고 있으며, 부당하게 행하는 사람들에게 맞서고, 일대일 8유형은 열정적이며 카리스마 있는 성향으로 사회적 관습에 도발적 방식으로 맞서는 사람이다.

◈ 자기보존 8유형 만족 Satisfaction

자기보존 8유형은 말이 별로 없고 가장 직설적인 방식으로 물질적 보장과 생존에 필요한 것을 얻는 데 초점을 맞춘다. 이들은 자기 자신과 자신의 필요를 보살피는 능력이 있다.

자기관찰

자신 안에서 관찰해야 할 내용

▶ 안전과 필요를 충족하는 것에 대한 관심

안전에 대한 욕구를 의식해 보십시오. 당신이 필요를 충족하기 위해 어떻게 하는지 관찰해 보십시오.

▶ 당신이 원하는 것을 얻기 위해 어떻게 하는지 알아차리기

당신의 욕구에 반대하는 사람들이나 단체에 대해서 어떻게 느끼는지 알아차리십시오. 당신이 원하는 것을 방해하는 사람에게 어떻게 맞서고 있습니까? 다른 사람에 대한 우위를 점하기 위해 어떻게 하는지 관찰해 보십시오.

▶ 독립성

당신이 어떤 방식으로 다른 사람들의 도움과 지지를 거부하는지 알아차리십시오. 연약함을 보이거나 다른 사람들에게 의지하는 일이 왜 불편한지 관찰해 보십시오. '일을 혼자 하는 것'을 선호하는 이유에 대해 주의 깊게 살펴보십시오.

▶ 의사소통

당신이 다른 사람과 상호작용하는 방식과 다른 사람에게 주는 영향력을 알아차리십시오. 당신의 영향력을 조절하고 당신이 원하고 필요로 하는 내용을 소통하는 일이 어느 정도나 쉽습니까? 또는 어렵습니까?

▶ 연약함에 대한 불편함

당신의 필요와 감정을 다른 사람과 소통하는 일이 어느 정도 편안하게 느껴지는지 또는 불편하게 느껴지는지 주의를 기울여보십시오. 어떤 조건일 때 당신 자신에 대해 공유합니까? 또는 덜 공유합니까? 당신의 연약함을 어떤 식으로 회피하거나 부인합니까? 그 결과는 어떻습니까?

자기통찰

깊은 수준에서 이해할 필요가 있는 중요한 패턴과 특성에 대해 탐구해 보기

▶ 안전을 필요로 하는 마음 이해하기

물질적 안전과 재정에 대한 걱정을 부추기는 동기가 무엇인지 살펴보십시오. 만족감과 안전한 느낌을 위해 무엇을 하는지 탐구해 보십시오.

▶ 전능한 느낌 탐구하기

자신의 모든 욕구를 만족시키고 충족시킬 수 있다는 마음을 살펴보십시오. 그런 느낌이 어디에서 나오며 또 얼마나 현실적입니까? 그것이 방어로써 어느 정도로 작동하고 있습니까? 무엇으로부터 당신을 보호하고 있습니까?

▶ 당신은 무엇을 공유하고 무엇을 공유하지 않습니까?

그 이유는 무엇입니까? 인간관계 안에서의 의사소통 패턴을 탐구해 보십시오. 다른 사람과 자신에 대해 공유하는 것이 어떻게 느껴집니까? 당신의 마음을 더 열지 못하게 방해하는 것은 무엇입니까?

▶ 당신의 감정과 당신의 관계 탐구하기

당신이 느끼는 감정은 무엇입니까? 그리고 어떤 감정을 피하거나 무시합니까? 감정을 느끼는 것 또는 특정 감정을 표현하는 것을 피하는 이유는 무엇입니까? 무엇이 당신을 좌절시키거나 분노하게 하는지와 그 이유는 무엇인지 알아보십시오.

자기관리

적절한 때 자동적인 패턴을 바꾸거나 완화하기 위해 해야 할 일

▶ 인내심을 키우고 다른 사람을 신뢰하도록 시도해보기

▶ 다른 사람에게 도움을 청하는 능력 개발하기

자신 외에는 누구도 자원과 안전을 책임질 수 없다는 신념을 내려놓으십시오.

▶ 당신이 필요로 하는 것을 얻지 못할 때의 당신의 반응 조절하기

좌절을 견디는 법을 배워보십시오.

▶ 당신의 감정과 욕구에 대해 더 많이 소통하는 법 배우기

주변 사람들이 당신을 지지하고 싶어 한다는 사실을 생각하십시오.

▶ 당신의 갑옷을 벗는 법을 배우기

폭넓은 감정, 특히 연약한 감정들을 느끼도록 시도해 보십시오.

🔵 사회적 8유형 연대 Solidarity 역유형

사회적 8유형은 다른 사람을 보호하고 지지하기 위해 그리고 다른 사람들에게 일어나는 부당함을 해결하기 위해 자신의 힘을 발휘하는 데에 초점을 맞춘다.

자기관찰
자신 안에서 관찰해야 할 내용

▶ 사회적/반사회적 성향

당신의 보호가 필요하다고 생각되는 사람들을 보호하기 위해 힘을 가진 사람들에 맞서려고 하는 욕구를 관찰해 보십시오. 당신이 저항하고 권위에 맞설 때가 언제인지 그리고 그 이유에 주의를 기울여 보십시오.

▶ 다른 사람을 보호하는 것

다른 사람을 지지하려는 마음 또는 욕구로 인해 당신이 거칠어지거나 강력해지는 방식을 주목해 보십시오. 힘을 가진 사람들에게 학대나 착취를 당하는 사람또는동물이 있는 상황을 민감하게 감지하는 당신을 관찰해 보십시오. 이런 일이 벌어질 때 당신은 어떻게 합니까?

▶ 사랑과 지지를 받아들이는 것을 어려워하는 성향

당신이 다른 사람은 보호하고 지원하면서 자신이 다른 사람에게 보살핌과 지원을 받는 것은 허용하지 않으려는 성향을 의식해 보십시오. 사람들이 당신을 칭찬하거나 애정을 주거나 인정을 할 때 당신이 어떻게 하는지 살펴보십시오. 자신이 지원을 받아들이는 것이 얼만큼 쉽습니까? 또는 어렵습니까?

▶ 연약함의 회피

당신의 연약함을 회피하거나 부정하는 방식을 관찰해 보십시오.

자기통찰

깊은 수준에서 이해할 필요가 있는 중요한 패턴과 특성에 대해 탐구해 보기

▶ 강력하고 강해야 한다는 욕구 탐구하기

강력함으로 사람들을 이끌고 권위에 저항하며 맞서야 한다고 느끼는 이유를 탐구해 보십시오.

▶ 힘을 많이 가진 사람에게 학대 또는 착취당하는 사람을

보호하고자 하는 당신의 충동 이면에 무엇이 있는지 이해하기

그런 충동이 그토록 강력한 이유가 무엇입니까? 그것은 어디에서 오며 무엇이 동기 부여를 하고 있습니까? 당신 자신이 인식하지 못하는 연약한 감정의 투사일 가능성은 없는지 탐구해 보십시오.

▶ 연약한 감정들을 느끼고 표현하는 일이 어려운 이유 이해하기

당신이 왜 연약한 감정들을 피하고, 또 그것을 맹점이라고 여기는지 이해하는 작업을 해보십시오. 스스로에게 자신의 연약한 감정을 더욱 경험하도록 허용해 보십시오.

▶ 지지와 보살핌의 욕구를 포기하는 마음을 알기

사람들에게 '나는 지지가 필요 없다'는 메시지를 어떻게 전달하고 있는지 탐구해 보십시오. 어떻게 그리고 왜 보살핌과 지지에 대한 당신의 욕구를 포기하게 되었는지 탐구해 보십시오.

적절한 때 자동적인 패턴을 바꾸거나 완화하기 위해 해야 할 일

▶ 다른 사람에게 멘토가 되어주고 보호하는 자신을 의식하기

당신 자신의 연약함과 애정에 대한 필요를 거부하는 데 대한 과잉보상으로 다른 사람을 보호하고 멘토링 해주려는 모습이 얼마나 많은지 의식해 보십시오. 다른 사람을 보호하거나 지원하고자 할 때 당신이 하고 있는 행동과 그렇게 행동하는 이유를 더 철저하게 알아보십시오.

▶ 연약함을 편안하게 느끼는 태도를 계발하기

당신의 연약함과 지지받는 것을 의식화하고 통합해 보십시오. 당신이 다른 사람을 보호하고 보살피는 것과 같은 방식으로 스스로를 보호하고 당신의 연약함을 다루는 법을 배워보십시오.

▶ 진정한 강함은 연약해질 수 있는 능력임을 인지하기

▶ 강하게 느껴지는 당신의 타고난 능력과 연약하게 느껴지는 부분에 대한 의식적 감각 사이에서 균형 잡기

그렇게 함으로 당신의 힘을 과도하게 표출하지 않게 됩니다.

▶ 다른 사람의 보살핌과 지지를 받아들이도록 마음을 열기

◈ 일대일 8유형 소유 Possession

일대일 8유형은 저항과 카리스마와 도발적 행동을 통해 열정을 표하고 주의를 끄는 것에 초점을 맞춘다.

자기관찰

자신 안에서 관찰해야 할 내용

▶ 상황의 중심이 되기

사람들의 관심을 얻고 상황의 중심이 되고자 하는 당신의 욕구를 관찰해 보십시오. 그렇게 하는 이유는 무엇입니까? 무대 전체를 소유하고자 하는 마음에 동기를 부여하는 것은 무엇입니까? 그리고 그것이 당신에 대해 무엇을 말해줍니까?

▶ 힘에 대한 욕구

모든 사람의 관심을 얻음으로써 힘을 느끼고자 하는 마음을 관찰해 보십시오. 당신의 지배력을 행사함으로써 당신에게 힘이 있음을 느끼고 싶은 이유는 무엇입니까? 힘과 영향력을 주장하기 위해 당신은 어떤 일들을 합니까?

▶ 저항적 성향

저항하고 사회적 규범을 거스르는 성향을 관찰해 보십시오. 어떤 상황일 때 당신은 저항하거나 도발합니까? 어떤 욕구로 인해 그렇게 합니까? 나쁘게 행동하는 것이 왜 좋습니까? 당신의 저항적 충동은 당신에 대해서 무엇을 말해줍니까?

깊은 수준에서 이해할 필요가 있는 중요한 패턴과 특성에 대해 탐구해 보기

▶ 상황의 중심이 되고 다른 사람의 관심을 얻고자 하는 욕구의 이면을 탐구하기

이 패턴 아래에 잠재되어 있는 욕구는 무엇입니까?

▶ 힘에 대한 욕구 이해하기

그런 마음이 어디에서 오며 목적은 무엇입니까?

▶ 도발하고 사회적 규범에 거스르고 저항하는 성향 인식하기

무엇을 위해 그렇게 행동합니까?

▶ 당신이 강력하거나 강하지 않다면 어떻게 될 것이라 믿는지 탐구하기

▶ 당신이 느끼는 열정 이면에 무엇이 있는지 탐구하기

그것을 표출할 수 있는 여러 다른 방법을 생각해 보십시오.

▶ 연약한 감정들을 탐구하고 통합하는 방법을 찾아보기

당신을 더욱 명확하게 표현하고 지배하며 힘을 휘두르는 성향을 완화시키기 위한 방법을 찾아보십시오.

적절한 때 자동적인 패턴을 바꾸거나 완화하기 위해 해야 할 일

▶ 무대를 공유하고, 함께 힘을 발휘하는 법 배우기

진실에 대한 다른 사람들의 생각과 상황을 이끄는 다른 사람들의 역할을 인식해 보십시오. 저항하거나 주의를 끌려 하지 말고 다른 사람의 지휘를 받아들이며 그 밑에서 일하는 방법을 배워보십시오.

▶ 연약한 감정을 통합하고 열정과 감정적 격렬함을 의식적으로 전환시키기

행동 그리고 열정적 감정으로 행동을 취하는 성향과 숙고의 균형을 맞추는 능력 계발하기

▶ 에너지와 열정의 표현을 조절하는 방식 배우기

다른 사람에게 당신의 영향력이 끼치는 순간을 알아차려 보십시오.

▶ 당신의 저항적 행동을 조절하는 능력 계발하기

9유형의 세 가지 하위유형

9유형의 세 가지 하위유형은 격정인 '나태' 때문
에 다른 것과 융합이 필요하다. 왜냐하면 자신의
존재로 있는 것보다 다른 것과의 융합이 무의식적
으로 해야 할 우선순위에서 주의를 돌리게 해주기
때문이다. 세 가지 하위유형의 융합 대상은 서로
다르다. 이들은 자신의 신체나 물리적 편안함과
융합하거나 그룹과 융합하거나 한 사람의 상대방
과 융합한다.

⬡ 자기보존 9유형 식욕 Appetite

자기보존 9유형은 신체적 욕구의 만족과 관련된 일상과 익숙한 활동에 주의를 기울임으로써 편안함을 유지하는 것에 초점을 맞춘다.

자기관찰

자신 안에서 관찰해야 할 내용

▶ 수동적 저항과 내재된 분노

수동적 저항, 수동공격 행동, 좌절, 짜증 또는 완고함을 포함하여 분노에 대한 당신의 경험을 관찰하고 추적해 보십시오.

▶ '아니오'일 때 '예'라고 말하는 것

다른 사람이 당신에게 무엇을 하라고 지시할 때 당신 안에서 어떻게 반응하는지 알아차려 보십시오. 당신은 다른 사람이 원하는 대로 따라가면서 어떻게 수동적으로 저항합니까? 또 당신이 '아니오'인데 '예'라고 말할 때 어떤 일이 일어나는지 관찰해 보십시오.

▶ 자신의 표현에 대한 관성

당신 자신을 위해 행동하는 것이 무엇을 방해하는지 알아차려 보십시오. 당신 자신을 주장하는 것과 당신이 원하는 것을 표현하는 것에 대해 어떤 신념을 가지고 있습니까?

▶ 편안함 속에 머물려는 성향

당신의 편안함 유지를 우선시함으로써 자신의 깊은 욕구로부터 어떻게 주의를 돌리는지 알아차려 보십시오. 편안함 속에 머물려는 성향이 어떻게 당신의 행동, 느낌, 존재를 방해하는지 알아차려 보십시오.

▶ 갈등 피하기

당신 자신의 감정과 의견을 인지하는 것을 포함해 갈등과 분리를 피하기 위해서 어떻게 하는지 알아차려 보십시오. 당신의 조화로운 환경을 방해하려고 위협하는 사람에게 어떻게 반응합니까?

자기통찰
깊은 수준에서 이해할 필요가 있는 중요한 패턴과 특성에 대해 탐구해 보기

▶ 분노를 느끼고 표현하는 데 방해가 되는 것을 탐구하기

▶ 갈등을 피하기 위해 취하는 행동과 그 이유를 이해하기

갈등을 피함으로써 조화를 유지하는 행동과 관련된 신념이나 감정을 탐구해 보십시오. 갈등을 피하려는 동기와 분열을 낳는 갈등에 대한 자신의 신념을 탐구해 보십시오.

▶ 편안함을 유지하려 하는 욕구 탐구하기

편안함에 머물기 위해 당신이 하는 모든 일과, 편안하게 머물려 하는 욕구가 왜 그토록 강한지 의식해 보십시오. 편안하게 머물려고 할 때 무의식적으로 어떤 경험을 피하려고 하는지 살펴보십시오.

▶ 억압된 분노가 수동공격 행동으로 어떻게 새어 나오는지 이해하기

▶ 더욱 직접적으로 감정을 느끼고 분노를 표현해보기

당신의 분노와 의제들을 회피하면서 어떻게 당신 자신의 필요와 욕구까지도 지우거나 회피하는지 탐구하고 느껴보십시오. 당신의 분노를 더 많이 표현하면 어떤 일이 생길까봐 두렵습니까?

자기관리

적절한 때 자동적인 패턴을 바꾸거나 완화하기 위해 해야 할 일

▶ 당신의 힘 그리고 자신에 대한 깊은 감각과 연결되기 위해 분노와 접촉하기
분노가 힘과 연결된다는 사실을 기억하십시오.

▶ 직접적이고 시기적절한 방식으로 분노를 표현하는 법 배우기

▶ 자신을 위한 행동 시도해보기

그것으로 인해 갈등이 생긴다 하더라도 시도해 보십시오. 특히 다른 사람이 하는 말의 흐름을 거스르더라도 할 말이 있을 때 적극적으로 목소리를 내보십시오.

▶ 수동적 저항과 수동적 공격을 조절하기
고집과 수동적 저항을 다루고 벗어나는 법을 배우십시오.

▶ 모든 감정을 만나도록 자신을 허용하기

자신의 깊은 '존재'와 연결되도록, 또 그와 관련된 감정과 연결되도록 해보십시오.

▶ 마음을 열고 보살핌과 지지에 대한 당신의 욕구를 표현하기

⬡ 사회적 9유형 참여 Participation 역유형

사회적 9유형은 소속감을 얻기 위해 그룹을 열심히 지원하는 데 초점을 맞춘다.

자신 안에서 관찰해야 할 내용
- - - - - - - - - - - - - - - - - - - -

▶ **그룹을 지원하기 위해 일하는 경향**

당신이 소속된 그룹을 뒷받침하기 위해 얼만큼 수고를 하는지 알아차려 보십시오.

▶ **스트레스를 느끼는 것과 당신의 관계 관찰하기**

스트레스를 많이 느낄 때도 계속해서 일을 합니까? 당신의 스트레스를 사람들과 소통합니까?

▶ **당신이 어떻게 리더의 자리를 맡는지 관찰하기**

상당한 책임과 스트레스를 수반하더라도 그룹에 봉사하는 자신을 관찰해 보십시오.

▶ **기본적으로 느끼는 소속감의 부재**

당신의 삶 속에서 그룹이나 공동체에 소속되지 못한 것과 관련되어 당신이 가지고 있는 모든 감정을 알아차리고 관찰해 보십시오. 특히 당신이 느끼고 있는 내면의 슬픔을 알아차려 보십시오.

▶ 친근하고 마음이 편한 스타일

스트레스를 받거나 일에 짓눌릴 때도 친근하고 유쾌하게 보이려는 당신의 성향을 관찰해 보십시오.

▶ 분노와 당신의 관계 관찰하기

좌절, 초조, 고집 같은 분노로부터 파생된 감정과 당신의 관계가 어떤지 관찰해 보십시오. 혹시 당신은 공격성을 표현하지 않습니까? 표현한다면 무엇 때문인지 알아차려 보십시오. 당신으로 하여금 분노를 느끼게 하거나 표현하지 못하도록 하는 것은 무엇입니까?

깊은 수준에서 이해할 필요가 있는 중요한 패턴과 특성에 대해 탐구해 보기

▶ 슬픔의 근원 이해하기

당신이 느끼는 슬픔을 깊이 느끼고 이해하도록 스스로 허용하십시오. 그룹이나 공동체에 소속되지 못한 경험과 관련해서 당신이 느끼는 모든 슬픔을 탐구해 보십시오. 그것이 어디에서 나옵니까? 그리고 당신은 그에 반응하여 어떻게 행동합니까?

▶ 스트레스의 원인과 경험 탐구하기

어떤 종류의 일이 당신에게 스트레스를 일으키며, 당신은 스트레스를 받을 때 어떻게 반응하는지 깊이 생각해 보십시오. 당신의 스트레스에 대해 다른 사람과 소통합니까? 만약 그렇지 않다면 그 이유는 무엇입니까?

▶ 리더 역할을 맡는 깊은 동기 이해하기

다른 사람과 명분을 지원하기 위해 당신의 시간과 에너지를 쏟는 깊은 내면의 동기를 이해해 보십시오. 상당한 스트레스를 일으키고 당신에게 많은 대가를 치르게 하는데도 그룹을 지원하기 위해 리더의 자리를 맡는 이유가 무엇인지 탐구해 보십시오.

▶ 분노와 그 근원 탐구하기

당신의 분노를 느끼고 탐구하며 그 원인이 무엇인지 이해해 보십시오. 화가 날 때 당신은 어떤 방식으로 행동합니까? 당신이 화가 났음을 알아차리는 일이 어느 정도나 쉽습니까? 또는 어렵습니까? 그 이유는 무엇입니까?

적절한 때 자동적인 패턴을 바꾸거나 완화하기 위해 해야 할 일

▶ **당신 자신의 존재나 힘을 통해 더욱 의식적으로 그룹에 참여하기**

당신이 소속되었음을 증명하기 위해 자신을 희생하거나 과도하게 일하지 않으면서 참여해 보십시오. 그룹 참여와 관련해서 스스로의 힘을 가지십시오. 당신이 하는 일들이 막대한 가치가 있음을 받아들이고 당신의 수고를 인정받는 일에 편안해지십시오.

▶ **슬픔을 깊이 느끼기**

특히 소속감을 느끼지 못하는 부분에 마음을 열어 보십시오. 당신의 슬픔을 다른 사람에게 표현하는 위험을 감수해 보십시오.

▶ **당신의 삶 안으로 당신 자신을 들여놓기**

그저 열심히 일만 하지 말고 당신을 꽃 피우는 데 도움이 되는 부분에 지원을 요청하십시오. 당신이 하는 일들에 대해 인정을 구하고 받아들여 보십시오.

▶ **공격성을 알아차리고 그것을 의식적으로 전환하기**

공격성과 만나면서 의도적으로 당신의 힘을 표현해 보십시오.

▶ **그룹에서 당신 자신에게 주의를 돌리기**

그룹을 지원하기 위해 열심히 일하는 것이 어떻게 자신의 개인적 성장으로부터 다른 곳으로 주의를 돌리게 하는지 의식해 보십시오.

⬨ 일대일 9유형 융합 Fusion

일대일 9유형은 내면에서 찾을 수 없는 존재감을 다른 누군가와의 결합을 통해 얻는 것에 초점을 맞춘다. 무의식적으로 또는 의식적으로 다른 중요한 사람들의 태도, 의견, 감정을 취하거나 받아들임으로써 이들은 자신에게서 의미를 찾지 않고 가까운 관계에서 그 존재의 의미를 찾는다.

자기관찰
자신 안에서 관찰해야 할 내용

▶ 자기 자신을 존재로 보는 것의 어려움

당신 자신으로부터 주의를 돌리기 위해 어떤 식으로 다른 사람들에게 초점을 맞추는지 관찰해 보십시오. 당신이 무엇을 원하는지 아는 것이 어느 정도로 힘들거나 어렵습니까? 당신이 어떻게 느끼는지 아는 것과 당신이 원하는 것을 표현하는 것은 어떻습니까? 당신이 원하는 것이 당신의 삶에서 중요한 사람이 원하는 것과 상충되는 경우에 그 사실을 표현할 수 있습니까?

▶ 중요한 사람과의 결합

상대방을 통해 존재감을 찾는, 즉 다른 사람의 시각, 감정, 태도, 의견과 결합하는 당신의 성향을 관찰해 보십시오. 이럴 때 당신의 느낌은 어떻습니까?

▶ 당신의 욕구를 은밀하거나 저항적 방식으로 표출할 때 알아차리기

중요한 다른 사람들과의 관계에서 표현하는 것을 두려워하는 당신의 모습을 관찰해 보십시오. 이런 행동이 어떤 식으로 나타납니까?

▶ 다른 사람이 원하는 것을 따라갈 때 알아차리기

당신의 감정과 욕구를 표현하지 않을 때를 알아차려 보십시오. 어떤 상황에서 당신은 다른 사람과의 관계 속에서 자신을 잃어버립니까? 당신이 무엇을 원하는지 알지 못할 때 또는 상대방이 원하는 것을 위해 당신이 원하는 것을 포기할 때 무슨 일이 일어나는지 알아차려 보십시오.

▶ 분리 회피

갈등이나 갈등의 위협에 대한 당신의 반응을 관찰해 보십시오. 분리와 갈등에 대한 당신의 신념과 감정 그리고 중요한 다른 사람들과의 갈등을 어떻게 회피하는지 알아차려 보십시오.

깊은 수준에서 이해할 필요가 있는 중요한 패턴과 특성에 대해 탐구해 보기

▶ 당신 자신의 주제와 만나거나 표현하는 일의 어려움

당신의 감정, 의견, 욕구에 접근하거나 표현하는 일이 어렵게 느껴지는 이유를 탐구해 보십시오. 무엇이 그것을 방해합니까? 자신의 욕구보다 다른 사람의 의견과 감정이 당신의 삶 속에서 더 중요합니까?

▶ 분리의 경험이 당신에게 어떻게 느껴지는지 탐구하기

그 경험이 왜 위협적으로 느껴지는지 탐구해 보십시오. 분리가 무섭게 느껴지는 이유가 무엇입니까? 중요한 다른 사람들과 다른 뜻을 가진다면 어떤 일이 생깁니까? 갈등과 분리를 회피하는 이유를 탐구해 보십시오.

▶ 당신과 당신 감정과의 관계가 어떤지 깊이 생각해보기

당신에게 가장 많이 나타나는 감정은 무엇입니까? 어떤 감정을 가장 덜 느낍니까? 감정에 접근하는 것을 더 어렵게 또는 더 쉽게 만들어 주는 것은 무엇입니까?

▶ 당신 자신과 연결되기

당신 자신과 연결되고 당신의 생각과 느낌을 발견하도록 도와주는 것이 있습니까? 어떤 상황에서 당신은 자신이 원하는 것을 알아차립니까? 당신이 무엇을 원하는지 또는 어떻게 느끼는지 알지 못할 때 어떤 느낌이 듭니까?

적절한 때 자동적인 패턴을 바꾸거나 완화하기 위해 해야 할 일

▶ **중요한 다른 사람과의 분리를 허용하기**

그렇게 함으로써 당신 자신의 자기 감각을 찾을 수 있습니다. 홀로 시간을 보내십시오.

▶ **당신을 표현하는 위험 무릅쓰기**

당신의 의견, 신념, 감정과 의식적으로 자주 만나보십시오. 당신의 고유한 강점과 재능을 알고 공유하십시오.

▶ **당신 스스로의 힘과 능력 그리고 관심사를 가지고 행동하기**

당신만의 목적을 발견하고 행동으로 옮기십시오. 자신의 주장을 적극적으로 내세우는 법을 배워 보십시오.

▶ **다른 사람들과 의견이 다를 때 직접적으로 말하기**

▶ **분노**그리고 힘**를 표현해 보기**

분노를 느끼고 탐구해보고, 그 원인이 무엇인지 이해해 보십시오. 수동공격적 행동을 할 때 스스로를 알아차리는 능력을 키우고 당신의 분노그리고 분노에서 파생된 감정에 대해 더욱 적극적으로, 목적을 가지고, 직접적으로 자신과 소통해 보십시오.

1유형의 세 가지 하위유형

1유형의 세 가지 하위유형은 자기 자신이나 다른 사람 또는 주변 환경을 완벽하게 만들려는 욕구를 가진다. 이를 위해 격정인 '분노'를 서로 다른 방식으로 표출한다. 자기보존 1유형은 완벽주의자로서, 끊임없이 자기 자신과 자신이 하는 일을 완벽하게 해내려고 노력한다. 사회적 1유형은 '올바른 방법'을 알고 다른 사람들이 자신을 모델로 삼을 수 있도록 완벽해지려고 한다. 일대일 1유형은 다른 사람들을 개혁하고 완벽하게 만들려고 한다.

⬡ 자기보존 1유형 걱정 Worry

자기보존 1유형은 진정한 완벽주의자의 전형이다. 이들은 1유형의 세 하위유형 중에 가장 적극적으로 완벽을 추구한다. 이들은 자신과 주변의 모든 것을 완벽하게 해야 한다는 책임감이 강하며, 그러기 위해서 가능한 한 많이 통제해야 한다는 강한 욕구를 가지고 있다. 통제하지 못할 경우에는 생존에 대한 두려움으로 인해 심한 걱정이나 불안을 느낀다.

자기관찰
자신 안에서 관찰해야 할 내용

▶ 내면 비평가의 정신적 활동
내면 비평가가 얼마나 자주 작동하고 어떤 종류의 말을 합니까? 얼마나 도움을 줍니까? 아니면 비난을 합니까? 그 영향력을 낮추거나 없앨 수 있습니까? 당신에게 얼마나 가혹하게 구는지 생각해 보십시오.

▶ 불안이나 걱정
당신의 경험에서 가장 두드러지게 느껴지는 감정은 무엇입니까? 무언가에 대해 걱정하거나 불안해하는 것을 얼마나 자주 느낍니까? 무엇 때문에 불안합니까?

▶ 분노나 분개
분노나 분개, 초조하게 느끼는 것을 얼마나 자주 인식하고 있습니까? 이러한 감정에 어떻게 대처하고 있습니까? 이런 감정이 편하게 느껴집니까? 아니면 피하거나 통제하고 싶습니까? 당신은 이 감정을 표현합니까? 그 이유는 무엇이고 어떤 상황에서 그렇게 합니까?

▶ 욕구, 감정, 충동의 통제

일을 보다 완벽하게 하는 것, 일을 하면서 쉬고 싶은 욕구, 당신의 필요와 충동, 즐거움에 대한 욕구를 표현하거나 행동하는 것을 회피합니까?

▶ 모든 세부사항을 통제하려고 하는 욕구

모든 것을 두 번 확인하고 프로젝트의 모든 세부사항을 통제할 필요성을 느낄 때 과도하게 일을 합니까? 자신이 최선을 다했고 잘 진행되는 일에 대해서 긴장을 풀고 자신감을 가질 수 있습니까? 일이 어떻게 진행될지에 대한 걱정 때문에 통제력을 발휘할 필요가 없는 일에도 고치려고 하지 않습니까?

자기통찰

깊은 수준에서 이해할 필요가 있는 중요한 패턴과 특성에 대해 탐구해 보기

▶ 당신의 충동, 필요, 욕구를 어떻게 다루는가?

당신은 그것들을 인식하고 표현합니까? 억압합니까? 판단합니까? 당신은 당신의 충동, 필요, 욕구에 대해 표현해도 괜찮다고 생각합니까? 그 이유는 무엇입니까? 자신의 통제권을 내려놓고 상황의 흐름이나 자연스러운 리듬을 따라가는 시도를 해보면 어떤 일이 생길 것 같습니까?

▶ 책임감

당신 자신과 당신이 하는 일을 완벽하게 만들고자 하는 이유는 무엇입니까? 완벽하지 못할 경우에 생존에 대한 두려움이 있습니까? 주변 사람들에 대해 지나친 책임감을 느끼십니까? 이 책임감은 어디서 비롯되고 당신에게 어떻게 영향을 주고 있습니까?

▶ 불안, 두려움, 걱정

무엇이 불안하고 걱정됩니까? 당신의 걱정 이면에는 자신에 대한 어떤 신념이 있습니까?

▶ 분노와 관련된 감정들

당신을 화나게 하는 것은 무엇입니까? 짜증, 좌절, 성가심, 분개 또는 독선의 모습으로 분노하는 것을 어떻게 억압할 수 있습니까? 화를 내고 있다고 스스로 인식합니까? 화를 내는 것이 괜찮습니까? 그 이유는 무엇입니까?

▶ 자기비판과 자기판단

스스로를 어떻게 받아들이십니까? 스스로를 얼마나 판단하며 가혹하게 대합니까? 그 이유는 무엇입니까? 스스로를 풀어준다면 무슨 일이 일어날지 두려우십니까? 스스로에게 연민을 갖는 것이 어렵습니까? 자신을 편하게 대하지 않았을 때 어떤 결과가 나타날까요?

`자기관리`
적절한 때 자동적인 패턴을 바꾸거나 완화하기 위해 해야 할 일

▶ 긴장 풀기

놀이, 재미, 자발적인 행동, 즐거움을 위해 시간을 내도록 노력하기

▶ 자신을 위한 연민 키우기

자신을 이해하고 수용하며 용서하면서, 올바르게 행동해야 한다는 압력으로부터 균형 잡기

▶ 불완전해도 괜찮다는 생각을 받아들이기

완벽에 대한 기준을 낮추는 법 배우기

▶ 당신이 져야 할 책임의 실제를 알기

당신의 긴장이 풀어지도록 다른 사람들이 책임을 질 수 있게 허용하기

▶ 두려움과 분노를 인지하는 능력을 계발하기

필요에 따라 이러한 감정을 처리하고, 건설적이고 의식적으로 표현하기

그 감정들을 지나가게 하여 당신의 마음을 가볍게 하기

▶ 당신의 선함 소유하기

당신의 존재 안에 있는 선한 의도와 세상에 대한 긍정적 영향을 인정하기. 그러나 항상 열심히 노력하거나 무언가를 완벽하게 만드는 당신이 아니라 그저 당신의 존재를 있는 그대로 받아들이기

▶ 자연스러운 삶의 리듬을 느끼기

일어나는 일에 통제력을 행사하는 대신 자연스럽게 흘러가도록 지켜보기

✿ 사회적 1유형 비적응성 non-adaptability

사회적 1유형은 완벽해지려고 노력한다. 이들은 옳고 바른 것을 잘 알고 있고 일을 하는 데 있어 최선의 방법이 무엇인지 알고 있다. 자신이 이미 무의식적으로 알고 있는 올바른 태도를 취하며 세상에서 안정감을 느끼는 방식으로 다른 사람에게 모델이 되거나 그들을 가르치려고 한다.

자기관찰
자신 안에서 관찰해야 할 내용

▶ 비적응성

당신이 하는 일에 대해 최선의 방식이나 올바른 방법을 알고 있다고 생각하면서 다른 사람들이 일하는 방식에 맞추어 행동하는 것이 어렵습니까? 당신이 옳다고 믿는 것을 바탕으로 정의를 내리거나 자신을 모델링하려는 경향이 있는지 보십시오. 그리고 이것이 다른 사람과 당신을 어떻게 분리시키는 작용을 하는지 주의하여 보십시오.

▶ 분노 그리고 관련된 감정들 짜증, 성가심, 좌절, 분개, 독선

분노와 관련하여 어떤 패턴을 관찰할 수 있습니까? 당신의 분노는 '반쯤 숨겨져' 있습니다. 분노를 억압하거나 옳다고 여기는 일에는 화를 내서, 자신의 열기를 차갑고 냉정하게 바꿉니다. 이러한 태도는 다른 사람들이 잘못되었다고 느끼게 만듭니다. 당신은 화를 인식합니까? 당신이 옳다고 생각할 때 논쟁하는 경향이 있습니까? 분노를 어떻게 표현하거나 표현하지 않습니까?

▶ 완벽함

당신이 올바른 방식으로 일을 한다는 것을 확실히 하기 위해 당신은 어떤 일들을 합니까? 올바르고자 하는 욕구의 동기는 무엇입니까? 완벽한 것에 대한 감각은 어디에서 오는 것입니까?

▶ '올바른 방식'을 알고 모범을 보이고자 하는 욕구

이것이 왜 당신에게 중요합니까? 그것은 일종의 권위나 우월성을 주장하는 방식입니까? 당신은 자동적으로 교사처럼 행동합니까? 그 이유는 무엇입니까? 당신은 올바르거나 완벽한지 여부가 확실하지 않을 때 다른 사람과의 관계 및 그룹 상호작용에서 물러납니까?

자기통찰
깊은 수준에서 이해할 필요가 있는 중요한 패턴과 특성에 대해 탐구해 보기

▶ 당신 스스로에게 완벽해야 한다는 부담을 주는가?

그 이유는 무엇입니까? 그 이면에는 무엇이 있습니까? 완벽해지려고 하는 마음이 당신이 노력한 결과를 즐기거나 여유를 가지는 것을 어떻게 방해하며 긴장 상태를 만드는지 탐구해 보십시오.

▶ 완벽하고자 하는 욕구의 합리화

당신이 최선이라고 생각하는 방식을 왜 올바르고 유일한 방법이라고 합리화하고 좋아하는지 생각해 보십시오. 올바르고자 하는 욕구나 '올바른 방식'을 모델로 제시하려는 궁극적인 목적은 무엇입니까?

▶ 완벽한 태도나 올바른 방법을 안다는 느낌이
타인에게 의존할 수 없다는 생각을 불러일으키는지 알아보기

그 이유가 무엇입니까? 다른 사람들에게 의존하고 그들이 자신의 방식대로 일하도록 허용할 때 어떤 느낌이 듭니까? 옳거나 완벽하다는 것이 왜 그렇게 중요합니까? 당신이 옳지 않거나 완벽하지 않다면 어떻게 될까요? 완벽해야 한다는 필요의 이면에 무엇이 있는지 알아차리려는 마음으로 그 과정에서 자신에 대해 연민을 가지십시오. 어떤 일이 생겨나는지 알아보기 위해 오히려 잘못된 방법으로 행동해 보십시오.

▶ 다른 사람들에게 모범을 보이거나 교사가 되는 것

무의식적으로 교사의 역할을 함으로써 우월함을 주장하는 자신에 대해 판단하지 말고, 더 안전하며 강력하다고 느끼는 방법으로 느끼는 올바르고자 하는 욕구를 알아보십시오.

▶ 그룹과의 관계

자신이 속한 그룹과의 관계를 어떻게 느낍니까? 당신이 다른 사람들에게 맞추거나 다른 사람들이 옳다고 인정하는 것이 얼마나 쉽습니까? 또는 얼마나 어렵습니까?

▶ 올바르다는 것

자신이 옳다고 확신할 때와 그것이 불분명할 때 다른 사람들과의 관계는 어떻게 달라집니까?

적절한 때 자동적인 패턴을 바꾸거나 완화하기 위해 해야 할 일

▶ 타인의 말에 경청하기

당신이 생각하는 올바른 방법이 아닌 경우에도, 다른 사람들의 말을 경청하고 그들의 가치나 관점 또는 일을 하는 방식을 이해하고자 노력하십시오.

▶ 다른 사람에게 맞추려고 노력해보기

다른 사람들이 하는 방식으로 시도해 본 후에 무슨 일이 생기는지 살펴보십시오. 다른 사람들도 올바르게 할 수 있다는 생각까지 넓힐 수 있습니까? 가끔씩 학생들의 역할도 해보십시오.

▶ 적극적으로 불완전함을 받아들이기

▶ 완벽해야 한다는 욕구를 조절하기

완벽해지기 위해 스스로에게 가하는 부담을 조절해 보십시오.

▶ 올바르게 해야 한다는 욕구를 이완하기

▶ 분노를 수용하고 그것을 표현하는 방식을 조절하기

분노가 일어날 때, 분노를 표출하기 전에 왜 화가 났는지 천천히 그리고 깊이 생각해 보십시오. 분노를 자신의 필요, 충동 및 욕구에 대한 중요한 정보를 알 수 있는 좋은 기회로 여기십시오.

🔷 일대일 1유형 열의 Zeal 역유형

일대일 1유형은 다른 사람들을 완벽하게 만드는 것이나 개혁에 중점을 둔다. 이 사람은 다른 사람을 개선시키고 자신이 올바르다고 생각하는 방식대로 일을 진행하려는 욕구나 '열광적인' 충동을 나타낸다. 이들은 1유형의 다른 두 가지 하위유형보다 분노와 충동을 쉽게 표출한다.

자신 안에서 관찰해야 할 내용

▶ 당신의 분노 관찰하기

언제, 무엇 때문에 분노합니까? 분노를 어떻게 표현합니까? 직접적인 방식이든 미묘한 방식이든, 분노가 당신의 일이나 다른 사람과의 관계 맺는 방식에 영향을 미칠 수 있음을 인식하십시오.

▶ 열의와 열정적인 느낌과 행동을 관찰하기

이를 부추기는 깊은 욕구, 신념 또는 감정은 무엇입니까? 열의가 힘이 될 때와 너무 지나치거나 과도할 때를 알아차리십시오. 당신이 해야 한다고 여기는 것들 때문에 소홀히 하게 되는 자신을 주목해 보십시오.

▶ 개혁을 실시할 권한이 있다고 느끼는 것

외부의 뭔가를 개혁하거나 완성시키려는 동기가 생겼을 때, 이것을 할 수 있다는 권위가 어디에서 오는 것인지를 알아차리십시오. 옳은 것이 무엇인지, 다른 사람들을 개선시키기 위해 노력하는 이면에 있는 에너지는 어디에서 비롯되었는지 어떻게 알 수 있습니까?

▶ 개혁자의 역할을 어떻게 수행합니까?

다른 사람이나 사회를 개선하거나 개혁하려는 욕구를 관찰하고 이러한 경향을 일으키는 동기를 알아차리도록 하십시오. 다른 사람들이 잘못하고 있는 것에 어떻게 초점을 맞추고 있는지 알아보고, 이 문제와 관련된 생각과 감정들을 관찰하십시오. 당신이 주로 부딪히는 갈등의 상황들을 알아보십시오. 다시 말해 자신의 방식을 고수하기 위해 다른 사람들과 논쟁하거나 주장하는 모습들을 관찰하십시오.

▶ 욕구와 충동들

자신의 욕구와 충동이 어떠한 관련이 있는지 관찰하십시오. 자신의 욕구를 채우고 충동을 따라 행동하는 것이 얼마나 쉽거나 혹은 어렵습니까? 그리고 자신의 욕구나 충동에 따라 타인과 어떻게 관계를 맺고 있습니까? 당신이 원하는 것을 얻거나 다른 사람들에게 당신의 의지를 강요하는 것과 관련해서 당신이 자격이 있다고 느끼는지 관찰해 보십시오.

▶ 비판과 판단

내면의 비평가들의 목소리를 관찰하십시오. 그들이 무엇에 초점을 맞추고 있습니까? 그들은 당신과 다른 사람들에게 어떻게 집중합니까? 어떻게 그리고 언제 다른 사람들을 비난합니까? 그것이 항상 정당합니까?

깊은 수준에서 이해할 필요가 있는 중요한 패턴과 특성에 대해 탐구해 보기

▶ 분노

분노 및 그와 관련된 감정의 근원을 탐색하십시오. 어떤 종류의 것들이 분노를 유발합니까? 일반적으로 그것을 어떻게 표현하십니까? 다른 사람들에게 분노가 향할 때 그들은 어떻게 반응합니까?

▶ 필요한 것에 대한 주장하기

당신의 주장을 강하게 표현할 때, 그 주장에 대한 필요성과 당신이 그것을 주장할 자격이 있다고 느끼는 근거는 무엇입니까?

▶ 무엇이 올바른지 어떻게 아는가?

다른 사람들에게 올바른 것이 무엇인지 결정하는 권리와 권한을 당신이 가졌다고 생각합니까? 그들에게 당신의 뜻을 주장하고 욕구를 표현하는 것이 정당하다고 생각합니까?

▶ 개혁을 강요하려는 욕구에 대한 동기를 이해하기

당신의 기준과 권위는 어디에서 비롯됩니까? 다른 사람이나 사회 전체를 완벽하게 하려는 이유를 생각해 보십시오. 이 동기를 유발하는 것은 무엇입니까?

적절한 때 자동적인 패턴을 바꾸거나 완화하기 위해 해야 할 일

▶ 분노 반응에 '일시 정지' 버튼을 누르기

분노를 인지하면서 표현하거나 행동으로 옮기기 전에 의식적으로 여유를 더 가지십시오.

▶ 인식을 통해 분노와 관련된 감정을 관리하는 법 배우기

분노를 어떻게 표현하고, 쏟는 이유가 무엇인지 의식적으로 결정하십시오.

▶ 비판과 판단 조절하기

자기비판을 멈추고 자기연민과 자기수용을 만나려고 노력하십시오. 다른 사람이나 사회에 대한 비판적인 견해 뒤에 숨겨진 감정과 동기를 이해하고 개선이나 개혁에 대한 당신의 욕망 뒤에 무엇이 있는지 표현하십시오.

▶ 강렬함과 열의를 의식적으로 조절하기

삶의 개선을 위해서나 그 필요성을 얻기 위해 다른 사람을 완벽하게 하거나 자신의 욕구를 충족시키기 위해 강렬함을 인지하고 의식적으로 사용하십시오.

▶ 다른 사람에게 피드백 요구하기

다른 사람들을 지원하거나 개선시키려는 당신의 노력이 실제로 어떤 영향을 주고 있는지 다른 사람들에게 확인해 보십시오. 마음을 열고 피드백을 구하며 그것을 수용하기 위해 노력하십시오. 당신이 다른 사람들을 깊이 이해하는 태도로 대하고 있는지 살펴보십시오.

2유형의 세 가지 하위유형

2유형의 세 가지 하위유형은 자신의 욕구를 충족시키기 위해 그것을 직접 요구하지 않고 간접적인 수단으로써 사람들을 매료시키는 방법을 사용한다. 그렇기에 격정인 '자만'은 욕구를 충족시키기 위해 다른 방식으로 변환되는데 다른 사람의 보호와 친절을 통한 간접적인 방식, 자신의 지식과 능력으로 감탄과 존경을 얻는 방식, 매력적인 이미지를 만들고 특정 사람의 기분을 맞추는 방식으로 나타난다.

이에 따라 자기보존 2유형은 매력적이고 유쾌하며 재미를 쫓고 귀여운 모습으로 사람들의 마음을 얻으며, 사회적 2유형은 권력과 유능함을 통해 그룹의 마음을 얻고, 일대일 2유형은 매력과 기분 맞추기를 통해 사람들이 자신을 좋아하도록 매혹하고 특정 사람들을 이용하여 자신의 필요와 욕구를 채우려고 한다.

◈ 자기보존 2유형 특권 Privilege 역유형

자기보존 2유형은 다른 사람을 기분 좋게 하고 그들의 감정을 맞춤으로써 자신을 좋아하게끔 매혹시킨다. 다정하며 잘 돕고 귀엽게 보임으로써 이들은 사람들과 강력하고 친밀한 관계를 형성하며 이를 통해 자신의 필요를 충족시키기를 무의식적으로 희망한다.

자기관찰
자신 안에서 관찰해야 할 내용

▶ **다른 사람에 대한 높은 수준의 민감성**

당신은 감정에 쉽게 상처를 받습니다. 다른 사람들이 자신에게 화를 내는 것에 대한 두려움과 동시에 다른 사람의 인정을 원하는 강한 욕구가 결합되어 있습니다. 잠재적 반감이나 거부 앞에서 움츠러드는 경향을 알아차려 보십시오.

▶ **즐거움, 지원, 보호를 위하여 매력으로 사람들의 마음을 끔**

'제일 사랑받는 대상'교사의 애제자이 되고 싶어 하는 욕구를 알아차려 보십시오.

▶ **다른 사람에 대한 의존과 관련된 맹점**

당신이 독립적이라고 믿으면서도 무의식적으로 의존적 관계를 형성하진 않는지 알아차려 보십시오. 도움을 청하고 받는 일이 어려운지, 그러면서도 당신이 무의식적으로 다른 사람이 채워주길 바라는 높은 수준의 욕구를 가지고 있지는 않은지 들여다보십시오.

▶ 주눅 들어 있는 마음

낮은 자존감 또는 과장되거나 고양된 자기 감각으로 인해 나타나는 주눅이 든 느낌, 그리고 충분히 괜찮거나 크고 자신감 있다고 느끼지 못하는 성향을 알아차리십시오. 스스로를 어떻게 억압하고 '성장하는 것'을 거부하는지 알아차려 보십시오.

▶ 무력한 느낌

당신은 힘, 내적 권위, 자신감을 가지고 스스로 행동을 취하는 것을 어려워합니다. 거부와 친밀감을 둘 다 두려워하는 당신을 알아차려 보십시오.

▶ 인간관계 및 다른 사람과의 연결에 관한 양가성

사람들의 마음을 얻기 위해서 돕는 강박 현상과 동시에 다른 사람에게 주어야 한다는 마음 때문에 지나치게 부담을 느끼는 경향은 없는지 살펴보십시오.

`자기통찰`
깊은 수준에서 이해할 필요가 있는 중요한 패턴과 특성에 대해 탐구해 보기

▶ 강박적 보살피기

사랑과 보살핌을 받으려면 다른 사람을 보살펴야만 한다는 신념_{또는 패턴}의 근원을 탐구해 보십시오.

▶ 주눅 들어 있는 것

주눅 들어 있고 성장을 거부하는 성향과 무의식적으로 어떻게 '어린아이로 머물러 있는 것'이 다른 사람의 보호와 보살핌을 유도하는 방법이 될 수 있는지 탐구해 보십시오. 힘을 다른 사람에게 투사하고, 구원자를 찾는 성향을 살펴보십시오.

▶ 사람들의 마음 사로잡기

매력, 친밀함, 도움을 베푸는 태도가 다른 사람과의 연결 맺기에 대한 순수한 관심인지 아니면 다른 사람에게서 상처받지 않기 위한 방어기제인지, 또는 외부 지원을 향한 욕구를 반영하는 것인지 알아차려 보십시오.

▶ 두려움과 불안

두려움을 탐구해 보십시오. 그 근원과 다른 사람을 신뢰하지 못하도록 방해하는 것이 무엇인지 찾아보십시오. 자신을 스스로 책임져야 할 때 올라오는 불안을 탐구해 보십시오.

▶ 필요 이해하기

필요를 의식화하고 왜 그것이 맹점이 되었는지 탐구해 보십시오.

▶ 억압된 또는 인지되지 못한 감정들

슬픔과 연약함의 존재와 근원에 대한 탐구를 포함하여 당신이 억압하거나 회피한 감정들을 탐구해 보십시오.

자기관리
적절한 때 자동적인 패턴을 바꾸거나 완화하기 위해 해야 할 일

▶ 경계선

인지를 확장시켜 경계선을 관리해 보십시오. 즉 경계선을 너무 많이 공유하는지 또는 경계선이 아예 없는지 아니면 벽을 쌓고 방어하는지 등 자신의 경계선이 어디인지 살펴보십시오. 거절할 수 있는 내면의 힘을 키우고, 경계선을 정하며, 의식적 방식으로 자신을 보호하십시오.

▶ 책임

다른 사람에 대한 책임은 덜 지고 자기 자신에 대한 책임을 더 지도록 해보십시오.

▶ 힘과 권위

실질적 방식으로 힘과 권위를 가지고 표현하는 행동을 취해 보십시오. 두려움으로부터 벗어나 행동하기 위해 자신감을 키워보십시오. 다른 사람과의 관계에 있어서 그리고 스스로를 보살피는 일에 대해서 보다 직접적이고, 강하며, 능동적으로 움직이는 위험을 감수해 보십시오.

▶ 둔감해지도록 작업하기

자신감과 당신 자신의 가치에 대한 감각을 키워보십시오. 그러면 상처받는 일에 민감하지 않을 것입니다.

▶ 스스로에 대한 자신감 쌓기

자신의 힘, 긍정적 자질을 키워서 다른 사람의 인정과 지지에 너무 의존하지 않도록 하십시오. 다른 사람을 통해 당신이 유능하고 힘이 있다는 사실을 확인하려는 시도를 줄이십시오.

▶ 감정을 환영하고 조절하기

감정을 느낄 수 있는 힘을 키우고, 감정적 균형을 유지하십시오. 억압하지도 않고, 과도하게 표현하지도 마십시오. 모욕에 대해 과민하게 반응하는 태도를 조절해 보십시오.

⬡ 사회적 2유형 야망 Ambition

사회적 2유형은 강력하고 유능하며 영향력 있는 모습으로 보이는 것에 초점을 맞춘다. 이들은 그룹을 돕기 위해 리더의 위치를 맡고, 전략적으로 사람들에게 베풀며, 중요한 사람이 됨으로써 알아차리지 못한 욕구들을 충족시키려고 한다.

자신 안에서 관찰해야 할 내용
- -

▶ 야망

힘과 영향력을 향한 욕구와 그 욕구에 동기를 어떻게 부여하는지 관찰해보십시오.

▶ 전략적인 '받기 위해 주는 행위'

항상 진실하고 사심 없는 이타주의로 다른 사람을 지원하는 것이 아니라, 보상으로 무언가를 원하고 기대할 때도 있음을 알아차려 보십시오. 관대함과 단지 필요한 것을 얻기 위한 거짓 관대함을 식별해 보십시오.

▶ 일 중독 경향과 깊은 욕구에 대한 부주의

자신의 욕구에 어떤 식으로 주의를 기울이지 않는지 알아차려 보십시오.

▶ 옳거나 없어서는 안 될 존재라는 자부심

사람들이 당신의 조언을 따르지 않거나 도움을 청하지 않을 때 당신에게서 나올 수 있는 반응을 모두 알아차려 보십시오.

▶ 다른 사람들보다 자신이 일을 잘한다는 신념

나는 무슨 일이든 할 수 있고 사람들에게 최선이 무엇인지 알고 있기에_{그들이 자신에 대해 알} _{고 있는 것보다 더 잘 알고} 강력하며 영향력 있고 중요한 사람이어야 한다고 생각하는 마음 이면을 보십시오. 다른 사람을 평등하게 보지 않는 자신을 알아차려 보십시오. 그들도 당신만큼 가치 있는 기여를 할 수 있습니다.

▶ 조정하려는 성향

조정이라는 맹점을 보여주는 증거를 찾아보십시오. 당신이 무언가 보상받기 위해 전략적으로 돕고 있는지 알아차려 보십시오. 당신을 드러내지 않고 간접적으로 필요한 것을 얻기 위해서 매력이나 영향력 발휘를 통해 막후에서 사건을 지휘하고 있지는 않습니까?

▶ 취약함 회피

당신이 자신의 취약함을 가리고 있는지, 그러나 연결이나 공감, 동맹을 형성하기 위해서는 거짓 취약함을 내보이는지 관찰해 보십시오. 당신이 진실할 때 그리고 자신의 강함, 유능함, 권력의 태도 뒤에 숨어 있을 때를 관찰해 보십시오.

`자기통찰`
깊은 수준에서 이해할 필요가 있는 중요한 패턴과 특성에 대해 탐구해 보기

▶ 연약함

자신의 연약함과 깊은 감정들과 당신이 어떤 관계를 맺고 있는지 탐구해 보십시오. 언제 또는 얼마나 자주 당신은 진짜 연약한 감정을 공유하거나 혹은 하지 않습니까?

▶ 필요

직접적으로 필요한 것을 요청하는 능력을 키워보십시오. 필요한 것을 직접적으로 요청하는 태도와 반대로 막후에서 목표를 성취하기 위해 일하는 성향 이면에는 어떤 신념, 감정, 동기들이 있습니까?

▶ 영향력에 대한 욕구

욕구를 만족시키기 위해서는 힘, 유능함, 다른 사람에 대한 지원, 영향력을 종종 간접적으로 표출해야 한다는 당신의 신념 뒤에는 무엇이 있습니까?

▶ 분노의 의미 탐구

분노가 충족되지 못한 욕구 그리고 다른 사람을 지원한 뒤 보상받지 못하거나 충분히 감사받지 못한 것과 관련된 분개의 표지임을 알아차리십시오.

▶ 필요한 사람이고 힘이 있다는 사실에 대한 자부심

자신이 필요한 사람이고 힘이 있다는 사실에 대한 자부심을 성찰해 보십시오. 그것을 알아차리고 탐구하며 이해하는 작업을 하십시오. 예를 들어 모든 사람에게 필요한 사람이 될 수 있다고 생각할 때, 다른 누구보다 당신이 더 잘할 수 있다고 생각할 때, 다른 사람들에게는 필요가 있지만 당신은 필요 없다고 생각될 때 등을 알아차리십시오.

▶ 청중과 관계 맺기

그룹 안에서 힘을 가져야 한다는 욕구가 어디에서 오는지 이해해 보십시오. 무엇이 야망에 동기를 불어넣거나 부채질하고 있습니까? 우월함의 위치를 취할 때를 알아차리고 무슨 일이 벌어지고 있는지 이해해 보십시오.

적절한 때 자동적인 패턴을 바꾸거나 완화하기 위해 해야 할 일

▶ 자만이 그 순간에 어떻게 작동하는지 인식하기

권력의 위치에 있을 때에도 겸손한 태도를 취해 보십시오. 필요, 감정, 욕구를 포함하여 진실된깊은 곳에 있는 자기의 연약함을 내보이는 능력과 중요한 사람이어야 한다는 욕구 사이에서 균형을 잡으십시오.

▶ 겸손

겸손하기 위한 의식적 행동을 해보십시오. 스스로 인지하면서, 다른 사람에게 윗자리를 내어주고 당신은 아랫자리에 있어봅니다.

▶ 취약함에 대한 의식

힘 있는 이미지 뒤에 숨어 있는지 알아차리고 참된 자기와 취약함을 더욱 표현하는 작업을 해보십시오.

▶ 사회적 외양 vs 사적 측면

'사회적 겉모습'이 사적인 내적 얼굴과 다른 것을 알아차리고 사회적 얼굴을 더 진실하게 가져보십시오.

▶ 조정하려는 성향 조절하기

일을 간접적으로 해결하고 뒤에서 상황을 지휘함으로써 리더십을 발휘하려고 하는 욕구를 내려놓는 작업을 해보십시오.

⬡ 일대일 2유형 공격 Aggressive / 유혹 Seductive

일대일 2유형은 매력적 이미지를 투사함으로써 애정, 관계, 너그러움, 지지의 약속을 보여주어 사람들의 마음을 얻고자 하는 강한 욕구를 표현한다. 이들은 자신이 필요로 하는 것은 무엇이든 제공해줄 중요한 사람들과 강력한 유대를 맺음으로써, 욕구를 표현하지 않지만 그 사람을 통해 문제를 해결한다.

자기관찰
자신 안에서 관찰해야 할 내용

▶ **이미지**

당신이 어떻게 이미지를 조성하고 있으며 어떤 이미지를 성취하려고 하는지 관찰해 보십시오.

▶ **관계 맺기**

당신이 중요한 사람들과의 관계를 맺기 위해 무슨 일을 어떻게 하는지 알아차려 보십시오. 특히 다른 사람들이 매력적이라고 생각하는 사람이 되기 위해 모습을 바꾼 후에 당신이 정말로 어떤 사람인지 혼란스러운 건 아닌가 생각해 보십시오.

▶ **실제로 할 수 있는 것을 넘어 약속하기**

정말로 무엇을 주고 싶은 욕구인지 아니면 사람들의 충성을 얻고 그들의 지지나 헌신을 보장받고 싶은 욕구로 사람들에게 허위 약속을 하는지 알아차려 보십시오.

▶ 개인의 매력

당신이 사람을 끄는 힘과 개인의 매력으로 사람들의 마음을 얻고 그것을 관계에서 일어나는 일을 조정하기 위해 이용하는지 의식해 보십시오.

▶ 감정

당신이 경험할 수 있는 모든 감정과 감정적 기복을 관찰해 보십시오. 어떤 감정을 느낍니까? 아니면 느끼지 못합니까? 중요한 사람들과 관계를 맺기 위해 당신의 감정을 어떻게 이용합니까? 어떤 종류의 일이 당신의 감정을 상하게 하거나 상처를 주거나 화나게 합니까?

▶ 필요

당신 자신의 필요와 어떤 관계를 맺고 있는지 알아차려 보십시오. 당신의 필요를 다른 사람으로 하여금 충족시키도록 만들기 위해 어떤 전략을 이용합니까?

▶ 매력적이라는 자만

자만이 당신의 행동을 움직이고 있을 때를 알아차리십시오. 인정이나 감탄에 대한 욕구인지 아니면 당신에 대한 다른 사람의 반응을 통해 당신 자신에 대해 좋은 느낌을 갖고 싶은 욕구인지 살펴보십시오.

자기통찰
깊은 수준에서 이해할 필요가 있는 중요한 패턴과 특성에 대해 탐구해 보기

▶ 이미지 관리 아래에 깔린 욕구는 무엇인가?

당신은 어떤 종류의 이미지를 조성하며 그 이유는 무엇입니까? 그 행동을 어떻게 하고 있습니까?

▶ **필요한 것을 얻기 위해 당신은 다른 사람과의 관계에서 어떻게 행동하는가?**

인간관계가 당신의 삶에서 어떤 역할을 하며 중요한 사람들과의 연결을 맺기 위해 당신은 어떻게 합니까?

▶ **매력을 발휘하는 행동 이면의 동기**

누군가의 마음을 얻는 도전을 즐깁니까? 그 이유는 무엇입니까? 그것이 당신 안에 무엇을 활성화시킵니까? 당신은 당신의 필요를 직접적이 아니라 간접적으로 충족시킵니까?

▶ **받기 위해 주는 태도**

받기 위해 주는 당신의 성향을 관찰할 수 있습니까? 사람들에게 어떤 종류의 약속과 지지를 제시하며 그 이유는 무엇인가요? 당신은 언제나 그 약속들을 지킵니까?

▶ **관계 맺기**

당신은 당신이 끌리는 사람과의 관계를 맺기 위해 어떻게 합니까? 그렇게 할 때 당신 안에서 어떤 욕구가 충족됩니까? 가까운 관계를 맺는 사람들에게 당신은 어떤 기대를 가지고 있습니까?

▶ **모습을 바꾸는 행동 이면에는 무엇이 있는가?**

당신은 자신의 인간관계를 통해 정체성을 찾는 경향이 있습니까? 그 이유는 무엇이고 어떤 식으로 그렇게 합니까? 다른 사람에 맞춰 조정하는 과정에서 당신 자신을 잃기도 합니까? 진정으로 당신으로 존재할 때를 어떻게 알 수 있습니까?

▶ **필요한 것을 얻지 못할 때의 분노**

당신을 화나게 하는 일은 무엇입니까? 당신은 분노를 어떻게 경험하고 표현합니까? 어떤 일이 당신을 불안하게 합니까? 슬픔을 일으키는 것은 무엇입니까?

적절한 때 자동적인 패턴을 바꾸거나 완화하기 위해 해야 할 일

▶ 당신의 진정한 자기와 연결되어 있는 법 배우기

당신 자신 즉 당신의 내면의 경험 및 다른 사람과 동시에 존재하는 능력을 키워 보십시오.

▶ 당신이 원하는 것이나 필요한 것을 얻기 위해서 다른 사람을 매혹하는 데에 쏟는 에너지를 조절하기

▶ 의식적 연결 맺기

당신이 맺는 상호작용을 의식하며 행동하도록 해보십시오. 무엇을 표현하고 있으며 그 이유는 무엇입니까? 무엇을 성취하고자 하며 그 이유는 무엇입니까?

▶ 당신의 참된 자기 자질을 소유하기

당신 스스로를 소중하게 여기는 방법을 배우고 다른 사람들이 당신의 모습이나 그들에게 해주는 것 때문에 당신을 소중하게 여긴다는 신념에 대해 다시 생각해 보십시오.

▶ 필요한 것 요구하기

당신의 파트너나 사랑하는 사람으로부터 간접적으로 필요한 일체를 얻기 위해 매력을 이용하는 대신에 필요한 것을 직접 요청하는 방법을 찾아보십시오.

▶ 당신의 감정을 이해하고 조절하기

감정과 감정적 민감성을 의식적으로 이해하고 조절하는 능력을 더 계발해보십시오.

3유형의 세 가지 하위유형

3유형의 세 가지 하위유형은 상당히 구별된다. 이들 모두 성공적인 이미지를 얻으려 하고 그것을 유지하고자 하는 욕구를 가진다. 이로 인해 '허영'이라는 격정을 드러내게 되지만 그 방식은 서로 다르게 나타난다.

자기보존 3유형은 안전을 위해 일을 효율적이고 자립적으로 하며 좋은 사람이 되고자 허영에 저항하는 사람이다. 사회적 3유형은 허영을 표출하는 사람들로 세련된 이미지를 만들고, 그것을 활용하거나 판매의 방식으로 사회적 영역에서 인정받고 싶어 한다. 일대일 3유형은 다른 사람에게 잘 맞추고 마음을 사로잡으며 그들에게 동기를 부여하고 성취하도록 도움으로써 허영심을 표현한다.

⬡ 자기보존 3유형 안전 Security 역유형

자기보존 3유형은 안전유지에 필요한 것을 얻는 데 초점을 맞추고 열심히 일하기에 속도를 늦추기가 어렵다. 매우 독립적이고 자급자족하기 때문에 자기 자신과 주변 사람들에게 안전한 느낌을 제공한다.

자기관찰
자신 안에서 관찰해야 할 내용

▶ 속도와 일의 강도를 조절하기가 어려움
속도를 늦추고 긴장을 푸는 것이 어렵거나 불가능한 경우가 언제인지 알아차려 보십시오. 만약 당신이 일 중독에 빠져있다면 무엇 때문인지, 그리고 그것이 당신에게 어떤 영향을 주고 있는지 관찰해 보십시오.

▶ 이미지와 겸손
다른 사람에게 잘 보이고, 긍정적인 인상을 주고 싶은 욕구를 알아차려 보십시오. 깊은 인상을 남기고 싶은 욕구와 잘난 척하지 않는 겸손한 사람으로 보이고 싶은 욕구 사이에서 어떻게 내적 갈등을 겪고 있는지 주목해 보십시오.

▶ 감정의 회피
당신이 자신의 감정이나 연약함을 인정하지 않기 위해 어떻게 하고 있는지 알아차려 보십시오. 감정이 발생할 수 있는 순간을 어떻게 일로 채우고 있는지 관찰해 보십시오. 다른 사람에게 도움을 청하고 그들에게 의지하는 것을 어려워하고 있지 않는지 알아차려 보십시오.

▶ 좋은 사람이 되는 것

당신이 생산적으로 한꺼번에 많은 일을 하면서 일을 잘하고 좋은 사람이 되기 위해서 스스로에게 어떤 부담을 지우고 있는지 의식해 보십시오.

▶ 자급자족

혼자 힘으로 해야 한다는 생각을 가지고 있는지, 또한 도움을 요청하는 것에 대해 어떻게 생각하고 있는지 관찰해 보십시오. 모든 일을 혼자 힘으로 해야 한다는 생각이 당신에게 어떤 영향을 끼치고 있는지 주목해 보십시오.

`자기통찰`
깊은 수준에서 이해할 필요가 있는 중요한 패턴과 특성에 대해 탐구해 보기

▶ 감정을 이해할 수 있는 공간 만들기

당신이 감정적일 때와 그렇지 않을 때가 언제인지 의식하고 있습니까? 감정의 여지를 남기지 않기 위해 어떻게 행동하고 있습니까? 감정이 일어나면 무슨 일이 벌어집니까? 의식적으로 감정을 느끼는 것이 얼마나 어렵거나 쉽습니까?

▶ 빠른 속도로 일하려고 하는 이유는 무엇입니까?

속도를 늦추고 업무 수준의 강도를 조절하는 것이 왜 어렵습니까? 목표를 향해 빨리 움직이고자 하는 마음 이면에 어떤 동기가 있습니까?

▶ 일 중독 성향 탐구하기

많은 시간을 열심히 일하는 당신의 성향 이면에는 무엇이 있습니까? 생존에 대해 어떤 불안을 가지고 있습니까? 당신을 너무 일하게 만드는 불안 이면에는 무엇이 있습니까?

▶ 자신의 진정한 정체성 이해하기

만약 당신이 활동가가 아니라면 어떤 사람일까요? 그 모든 노력과 활동 속에서 진정한 존재로서의 당신은 어떻게 길을 잃었습니까?

자기관리

적절한 때 자동적인 패턴을 바꾸거나 완화하기 위해 해야 할 일

▶ 감정을 위한 시간 남겨두기

감정을 느끼기 위해 당신의 일정들에 여유를 가지십시오. 실질적으로 당신이 감정을 회피하기 위해 어떻게 핑계 대고 있는지 살펴보십시오.

▶ 속도 늦추기

좀 더 긴장을 풀어보십시오.

▶ 존재로 작업하기

아무 것도 하지 않고 존재로 있는 연습을 해보십시오.

▶ 다른 사람에게 의지하는 능력 계발하기

사람들을 의지하고 그들에게 지원받는 것을 허용하면서 지금보다 느긋해지십시오. 다른 사람들이 어떻게 당신을 도울 수 있을지 마음을 열고 살펴보십시오.

▶ 너무 혼자 다 하려고 하지 말기

당신의 느낌, 필요, 욕구에 대해 소통하십시오.

▶ 일이 아닌 것에서 즐거움 찾기

직업과 관련이 없으면서 당신이 좋아하는 활동에 시간을 할애하십시오.

⬡ 사회적 3유형 명성 Prestige

사회적 3유형은 가장 경쟁적이고, 이미지 지향적인 3유형이다. 이들은 기업가적인 정신을 가지고 있으며 팀에게 무엇이 좋은지, 즉 가장 효과적으로 일할 수 있고 좋아 보이면서도 원하는 상태로 만들 수 있는 것이 무엇인지에 초점을 맞춘다.

자기관찰
자신 안에서 관찰해야 할 내용

▶ 경쟁과 승리

경쟁하고, 이기며, 최고가 되는 것이 당신에게 얼마나 중요한지 관찰해 보십시오. 당신이 일하면서 어떻게 경쟁하는지, 이기기 위한 욕구가 당신을 어떻게 몰아붙이는지 알아차려 보십시오.

▶ 실패

실패하는 것이나 실패에 대한 두려움에 대해 어떻게 느끼는지 살펴보십시오. 실패하지 않기 위해 당신이 무엇을 하는지 알아차려 보십시오.

▶ 사람들에게 잘 보이고 싶은 욕구

당신이 좋은 인상을 주기 위해 얼마나 신경을 쓰고 있고 어떤 일을 하는지 알아차려 보십시오. 당신이 대중들의 마음을 읽으면서 어떻게 그들을 대하고 있는지 관찰하십시오. 다른 사람들에게 자신의 능력을 드러내고 성공의 완벽한 이미지를 보여주기 위해 당신이 무언가를 하고 있는 순간을 알아차려 보십시오.

▶ 이미지에 대해 민감함

다른 사람들에게 좋은 인상을 주기 위해 얼마나 많은 에너지를 쏟고 있는지, 성공의 상징과 지위에 대해 얼마나 주의를 기울이고 가치를 두고 있는지 관찰해 보십시오.

▶ 자기 홍보

스스로 어떻게 독려하고 있으며 다른 사람들로부터 인정을 받거나 존경을 받기 위해 무슨 일을 하는지 주의 깊게 관찰하십시오.

▶ 감정과의 관계

감정이 올라올 때와 그렇지 않을 때, 감정을 회피하는 방법 등 당신이 감정을 어떻게 다루고 있는지 관찰해 보십시오. 또한 다른 사람들의 감정에 어떻게 반응하는지 알아차려 보십시오.

자기통찰

깊은 수준에서 이해할 필요가 있는 중요한 패턴과 특성에 대해 탐구해 보기

▶ 경쟁의 욕구 탐구하기

경쟁하고 이기는 것이 왜 그렇게 중요한가요? 당신이 최고임을 증명하기 위해서입니까? 그것은 당신에게 어떤 의미입니까?

▶ 다른 사람의 눈에 잘 보이고 싶은 강박 이해하기

좋은 인상을 주는 것이 왜 그렇게 중요한가요? 옷을 잘 차려 입는 것이나 멋진 차를 가지고 있는 것이 당신에게 어떤 의미입니까? 만약 그렇게 하지 않고 나가면 어떻게 될 것 같습니까?

▶ 감정 대면이 어려운 이유 살펴보기

지금 이 순간, 자신의 감정을 어느 정도 느끼고 있다고 생각하십니까? 감정을 마주보는 것이 어렵다면 무슨 이유일까요? 자신의 감정을 피하기 위해 어떻게 동기부여를 하고 있으며 이를 합리화하는 방법은 무엇입니까? 그렇게 하고 난 후 어떤 대가를 치르고 있습니까?

▶ 정서 영역 탐색하기

당신의 감정에 대해 당신은 어떻게 생각하고 있습니까? 감정을 회피하기 위해 의식적으로 어떤 행동을 합니까? 만약 그렇다면 그 이유는 무엇입니까?

▶ 실패의 의미에 대해 생각하기

실패를 통해 무엇을 경험하셨나요? 그 생각은 어디에서 비롯된 것일까요? 실패에 대한 두려움이 당신을 어떻게 몰아붙입니까?

적절한 때 자동적인 패턴을 바꾸거나 완화하기 위해 해야 할 일

▶ 최고가 되어야 한다는 마음을 내려놓기

당신이 최고가 되어야 한다는 신념에 이의를 제기해 보십시오.

▶ 당신이 당신의 이미지 이상임을 인식하기

당신이 그리는 이미지가 당신을 성공하도록 돕는다는 신념에 의문을 가져보십시오. 소통하는 모습 속에서 자신이 진정으로 누구인지를 계속해서 발견해 보십시오. 훌륭한 이미지를 갖는 것에 초점을 맞추게 되면 자신이 누구인지 제대로 보지 못하거나 받아들이지 못하게 될 수 있음을 고려해 보십시오. 또한 당신 자신이 당신이 만드는 이미지보다 훨씬 낫다는 것을 알아차려 보십시오.

▶ 감정과 더 많은 접촉 허용하기

자신의 감정을 깊이 느끼고, 감정에 머물면서, 다른 사람들과 의사소통을 시도해 보십시오. 의도적으로 자신의 감정을 알아차리는 연습을 신경 써서 해보십시오. 자신의 감정을 허용하면서 당신이 가장 원하는 것과 필요로 하는 것, 당신의 정체성에 대한 정보를 지속적으로 얻으십시오.

▶ 실패를 성장의 기회로 받아들이기

실패를 회피할 대상이 아니라 배움을 얻는 기회로 여기면서 활용하십시오.

▶ 자기 자신과 깊은 관계 맺기

다른 사람들로부터 성공했다는 찬사를 받기 위해 당신이 되고자 하는 모습이 아닌 진정한 자신의 모습으로 스스로와 관계를 맺으면서 현존하려고 노력해 보십시오.

◈ 일대일 3유형 카리스마 Charisma

일대일 3유형은 자신의 매력을 발산함으로써 다른 사람들을 끌어당기며 그들을 지원하고, 그들의 일을 도와주는 데 집중함으로써 성취를 이뤄낸다. 다른 3유형보다 다정하고 수줍음이 많은 이들은 자신이 맺고 있는 관계 속에서 열심히 일하며 다른 사람의 기분을 맞출 수 있다.

자신 안에서 관찰해야 할 내용

▶ 매력적인 이미지 만들기

당신이 다른 사람의 마음을 끌어들이고 영향을 주는 사람이 되고 싶어서 신체적인 면과 더불어 대인관계 속에서 어떻게 매력적인 이미지를 만들려고 하는지 알아차려 보십시오. '나의 가치는 나의 매력을 알아차리는 다른 사람으로부터 온다'고 생각하는 당신의 신념에 대해 심사숙고 해보십시오.

▶ 다른 사람을 지지하기 위해 노력함

다른 사람들을 만족시키고 그들이 더 나은 사람이 되게 하기 위해 얼마나 열심히 일하는지 관찰해 보십시오.

▶ 감정

자신의 감정을 어떻게 다루고 있는지 관찰해 보십시오. 자주 느끼거나, 덜 느끼는 감정은 어떤 것들입니까? 어떻게 자신과 멀어지고 있으며 자신의 감정을 회피하는지 주목해 보십시오. 감정을 회피하기 위해 어떤 일을 합니까? 감정이 일어날 때 어떤 상태가 됩니까? 슬픔보다 분노와 조급함을 느끼는 것이 더 쉽습니까?

▶ 다른 사람의 성취와 성공에 초점 맞추기

다른 사람들을 돕기 위해 어떤 일들을 합니까? 그것이 당신에게 어떤 의미를 주며 그로 인해 발견한 어려운 점은 무엇입니까?

▶ 진정한 자신과의 관계

당신 스스로 자신의 있는 모습 그대로 바라보거나 인식되는 것이 어느 정도 가능합니까? 수줍어하는 이유는 무엇입니까?

자기통찰

깊은 수준에서 이해할 필요가 있는 중요한 패턴과 특성에 대해 탐구해 보기

▶ 다른 사람에게 자신을 어떻게 소개하는지 탐색하기

다른 사람들에게 어떤 인상을 남기길 바랍니까? 자기소개에 얼마나 많은 에너지를 사용합니까? 그것을 통해 이루고자 하는 것은 무엇입니까?

▶ 당신의 감정을 이해하기

자신의 감정을 느끼는 것에 대해 어떻게 생각합니까? 자신이 느끼는 감정을 허용한다면 어떻게 됩니까? 슬픔을 느낄 수 있습니까? 슬픔보다 분노를 느끼는 것이 더 쉽습니까? 어째서일까요?

▶ 당신의 삶 속에서 인간관계의 역할 이해하기

다른 사람들을 당신에게 끌어들이기 위해 얼마나 많은 에너지를 사용하고 있습니까? 비판이나 분리를 어떻게 경험하고 있습니까? 당신이 거부당하면 어떻게 됩니까? 인간관계 속에서 당신의 역할로 인해 인정받고 있는 당신의 가치는 어느 정도이며 왜 그렇다고 생각하십니까?

▶ 다른 사람들을 도우려고 하는 동기에 대해 생각해보기

자신보다 다른 사람들을 돕는 데 집중하는 이유가 무엇입니까? 다른 사람들을 지원함으로써 얻을 수 있는 것은 무엇입니까? 왜 다른 사람들의 성공이 당신 자신의 성공과 연결되어 있다고 느낍니까? 당신이 도움을 준 다른 사람들이 성공하지 못하면 어떻게 느끼나요?

▶ 인정받을 때 수줍어하는 마음 이해하기

수줍음을 느끼며 관심의 중심인물이 되고 싶지 않은 마음 이면에는 무엇이 있습니까?

▶ 진정한 자신과의 관계를 탐구하기

진정한 자신과 만나려고 노력하면 어떻게 될까요? 진정한 자신을 만나려고 노력할 때 어떤 감정이 올라옵니까? 올라오는 감정이 슬픔이든 두려움이든 상관없이 감정을 살펴보십시오.

적절한 때 자동적인 패턴을 바꾸거나 완화하기 위해 해야 할 일

▶ 감정에 대해 편안해지기

의도적으로 감정을 느껴보고 다른 사람들에게 자신의 감정을 표현해 보십시오. 당신이 행동에 집중하고 있을 때를 알아차리고, 그럴 때 속도를 늦추고 자신이 느끼고 있는 것이 무엇인지 깊이 느끼는 데 주목해 보십시오.

▶ 다른 사람을 돕는 일에서 자신의 정체성을 찾는 것을 완화하기

다른 사람의 기분을 맞추거나 다른 사람들을 돕기 위해 무엇을 하는지 의식하고 자신이 하는 일의 동기를 찾아보십시오.

▶ 자기 지원 늘이기

다른 사람들을 돕는 것과 마찬가지로 자신을 위해서도 일하면서 자신을 지지하는 능력을 키우십시오.

▶ 진정한 자신이 원하는 삶을 살아보기

다른 사람에게 좋은 인상을 주거나 그들의 기분을 맞추려 하지 않고 그저 당신의 있는 모습 그대로 존재하는 것이 어떤 느낌인지 알아보십시오. 다른 사람에게 보여주기 위한 모습이나 다른 사람을 지원하기 위해 하는 것보다 자신에 대해 더 많이 알아보십시오.

4유형의 세 가지 하위유형

아홉 가지 유형 중 4유형의 세 가지 하위유형들 간의 차이가 가장 크다. 4유형의 격정은 '시기'이며, 그로 인해 고통을 특별하게 여기고, 그것이 과장되어 있는데, 4유형의 고통은 다른 사람들과 자신을 비교하는 습관에서 비롯된다.

이것이 각 하위유형마다 다른 모습으로 나타나는데 자기보존 4유형은 고통을 참으면서 지내고, 사회적 4유형은 고통을 받으면서 살고, 일대일 4유형은 다른 사람들을 고통스럽게 한다. 자기보존 4유형은 고통을 내면화하면서 고통을 느끼는 것을 일부 부인하는 반면, 사회적 4유형은 고통 속에 너무 많이 지내면서 공공연하게 그것을 겉으로 드러내고, 일대일 4유형은 결핍과 열등감을 피하기 위해 고통을 외부로 투사시킨다.

◈ 자기보존 4유형 불굴 Tenacity 역유형

자기보존 4유형은 괴로움과 고통을 오랫동안 견디며, 다른 사람은 가졌지만 자신에게는 부족한 것을 얻기 위해 열심히 노력하는 것으로 스스로의 가치를 증명하려고 한다. 그들은 고통스러운 감정 앞에서 강하고, 자신의 상황에 대해 불평하거나 감정을 표현하지 않는다.

자기관찰
자신 안에서 관찰해야 할 내용

▶ 생존에 대한 불안

당신이 어떤 불안감을 가지고 있으며 그 불안이 당신을 어떻게 몰아세우는지 알아차려 보십시오. 물질적 안전에 관한 관심과 그것이 당신의 삶에서 어떤 역할을 하는지 주목하십시오.

▶ 자신의 가치를 증명하기 위해 열심히 노력함

강해지려고 스스로에게 많은 것을 요구하며, 어려운 상황에서도 불평하지 않음으로써 자신의 가치를 어떻게 증명하려고 노력하는지 주목하십시오. 당신이 당신 안에 있는 시기를 어떻게 부인하는지와 그럼에도 그 시기심이 자신을 증명하기 위해 애쓰는 당신에게 어떻게 동기부여를 하고 있는지 알아차리십시오.

▶ 가벼운 듯이 수용하는 자세

당신이 스스로를 힘들게 하면서 일하는 방식이나 무거운 짐을 지려는 성향에 반대되는 행동을 함으로써 당신이 얼마나 긍정적인 방식으로 활기차게 일하고 있는지 확인하십시오.

▶ 감정을 억압하고 숨기는 것

자신의 감정을 개인적인 것으로 생각하여 다른 사람들과 나누지 않고 어떻게 유지하거나 숨기고 있는지 살펴보십시오. 다른 사람들이 당신의 감정을 감당할 수 없다는 신념 때문에 다른 사람들에게 당신의 긍정적인 감정만을 표현하고 있지 않은지 주의해 보십시오. 당신이 감정에 사로잡혀있을 때 어떤 결과가 나타나는지 기록해 보십시오.

▶ 인내하는 자세

당신이 표현하지 않고 불편함과 고통을 얼마나 견디고 있는지 관찰하십시오. 어려움을 참고 견뎌야 한다고 자신의 감정 속에 홀로 머무는 데 익숙해져서 자신의 고통을 다른 사람과 나누지 않는 것인지 주목해 보십시오. 자신을 아프게 하는 방식으로 너무 많은 좌절감을 느끼는 경향이 있는지 알아차려 보십시오.

깊은 수준에서 이해할 필요가 있는 중요한 패턴과 특성에 대해 탐구해 보기

▶ 스스로를 가혹하게 만드는 이유 알아보기

스스로를 왜 그렇게 힘들게 합니까? 가벼운 마음과 느슨함을 허용하지 않는 이유는 무엇입니까? 도움을 구하지 않고 고통을 견딜 수 있는 힘을 주는 원동력은 무엇입니까? 당신이 목표를 달성하기 위해 노력할 때뿐만 아니라 자신을 평가절하하거나 파괴할 때 어떤 일이 일어나는지 살펴보십시오.

▶ 불안감이 당신의 삶에서 차지하는 역할 이해하기

무엇 때문에 긴장하게 됩니까? 당신 불안의 근원은 무엇입니까? 불안한 느낌을 없애는 것이 왜 그렇게 어렵습니까?

▶ 자신과 감정의 관계 탐구하기

다른 사람들과 자신의 감정을 공유하지 않는 이유를 찾아보십시오. 그렇게 했을 때, 당신이 자신의 감정을 해결하지 않고 내버려두면서 어떤 식으로 계속 감정에 사로잡혀있는지 탐구해 보십시오. 당신이 그것들을 공유하게 된다면 다른 사람들이 당신의 감정에 어떻게 반응할 것이라고 믿고 있습니까?

▶ 자신의 고통에 대처하는 방법으로 다른 사람들을 돕는 이유를 찾아보기

고통 당하는 사람들을 돕는 이유는 무엇입니까?

▶ 열심히 일하게 만드는 것이 무엇인지 살펴보기

다른 사람이 가진 것에 시기하기보다 당신이 원하는 것을 얻기 위해 어떻게 노력하는지 살펴보십시오.

적절한 때 자동적인 패턴을 바꾸거나 완화하기 위해 해야 할 일

▶ 스스로 가벼워지기

당신의 연약함을 허용하십시오. 당신이 금기시했던, 자신을 보살피고 행복하게 하는 일에 도전해 보십시오.

모든 감정을 환영하고 그 감정이 머물 공간을 내어주고 허용하며, 다른 사람들과 감정을 소통한 후 해소하십시오. 내면에서 일어나는 일을 다른 사람들과 공유하고 사람들이 당신을 도울 수 있게 하십시오.

▶ 불안을 해소할 수 있는 힘 기르기

자신의 가치에 대해 어떻게 생각해왔었는지 점검해보고 긍정적인 자질과 능력을 적극적으로 받아들이십시오.

▶ 스스로를 지원하기

다른 사람을 돌보는 것과 같은 방식으로 자신을 돌보십시오. 자신을 위해 일하고 자신이 누려야 할 자유와 행복을 지지하십시오.

✪ 사회적 4유형 부적합 Inadequacy

사회적 4유형은 고통을 받고 대상을 깊이 느끼며 자신을 다른 사람과 비교하면서 자신이 부족하다고 생각합니다.

자기관찰
자신 안에서 관찰해야 할 내용

▶ 자기 파괴

어떤 방식으로 자신을 괴롭게 하고 자신의 노력을 방해하는지, 왜 다른 사람들이 자신에 대해 최악의 반응을 할 거라 생각하는지 주목해 보십시오.

▶ 고통에 머무르기

자신의 고통을 다른 사람과 공유함으로써 당신이 사랑과 수용을 얻으려 하고 있는지 관찰하십시오. 부정적인 감정상태를 개선하기 위해 어떤 행동을 취하기보다는 오히려 그것을 회피하여 어떻게 부정적인 감정을 극대화하는지 알아차리십시오.

▶ 다른 사람과 자신을 비교하는 것

다른 사람과 자신을 비교하면서 어떻게 자신의 부족함을 찾는지 알아차리십시오. 자신이 무가치하다는 감정을 어떻게 붙들고 있는지 관찰하십시오.

▶ 감정과의 관계

당신의 결핍을 채우기 위해 무언가 행동을 취하는 것이 아니라 어두운 감정으로 멍하니 있는 것을 선호하는 것은 아닌지 주목하십시오. 수치심이 어떤 역할을 하고 있고 그것이 어떻게 작용하는지 알아차리십시오.

▶ 피해 의식

희생자 역할을 취하는 경향이 있음을 주목하십시오.

▶ 잃어버린 부분에 집착하기

잃어버린 것에 집착하는 습관이 당신으로 하여금 현재 가지고 있는 것에 대해 긍정적으로 생각하기보다 계속해서 가지지 못한 것에만 초점을 맞추게 하고 있음을 주목하십시오.

▶ 열등감 중독

당신에게 무언가 잘못된 부분이 있다고 주장하며 자신이 가지고 있는 결함에 집중하는 성향에 유의하십시오. 지금 여기의 경험과 자신이 가지고 있는 긍정적인 것에 대한 인식을 어떻게 회피하고 있는지 관찰하십시오.

깊은 수준에서 이해할 필요가 있는 중요한 패턴과 특성에 대해 탐구해 보기

▶ 부정적인 감정에 대한 과도한 인식

고통스러운 감정을 지니고 있는 이유와 그로 인해 당신이 무엇을 하고 있는지 보십시오. 이를 통해 무엇을 얻길 원하십니까? 다른 사람들이 어떻게 반응하기를 바라십니까?

▶ 자기 파괴 행위에 동기를 부여하는 것 탐구하기

당신이 자신을 파괴하고 열등감에 빠져있음으로써 얻는 것이 무엇입니까? 그 동기는 무엇입니까? 그것이 당신을 어떻게 부정적인 순환에 매여 있게 만듭니까?

▶ 당신에게 고통이 어떤 기능을 하는지 탐구하기

어두운 감정과 맞닿아 있으려고 하는 것이 익숙하고 편안하게 느껴지도록 만드는 것은 무엇입니까? 이것은 당신에게 무엇을 가져다 줍니까? 당신이 원하고 필요로 하는 것을 얻기 위해 행동을 취하는 것이 어렵게 느껴지는 이유는 무엇입니까?

▶ 자신이 피해자 역할을 맡는 이유 이해하기

▶ 자신을 긍정적으로 받아들이기 어려운 이유 조사하기

다른 사람으로부터 받은 긍정적인 피드백을 생각해 보십시오. 당신은 어떤 반응을 보입니까? 그 피드백을 받아들여 당신이 긍정적인 특성과 장점을 지닐 수 있게 할 수 있습니까? 그런 행동을 취하지 않음으로써 얻는 것은 무엇입니까?

적절한 때 자동적인 패턴을 바꾸거나 완화하기 위해 해야 할 일

▶ 열등감을 느끼고 싶어 하는 성향 이완하기

부정적인 신념과 감정의 사이클에 빠질 때를 알아차리고 그 주기를 깨기 위해 행동하는 법을 배우십시오.

▶ 수치심의 기초가 되는 신념과 직면하기

자신에 대한 부정적인 감정에 지나치게 집중하는 성향으로부터 벗어나는 능력을 계발하십시오. 당신의 생각과 실제 상황에서 벌어지고 있는 사실을 비교해 보십시오. 무엇이 잘못되었는지에 초점을 맞추는 것에서 시선을 전환하여 긍정적인 점을 찾으십시오.

▶ 적극적으로 긍정적인 자질을 소유하기

다른 사람의 긍정적 피드백을 수용하십시오.

▶ 지금 여기에서 좋은 점 주목하기

결핍된 것에 집중하려는 성향에서 한발 물러나십시오.

▶ 행동하기

고통이나 다른 감정에 머무르지 말고 상황을 개선하기 위한 행동을 취하십시오.

◈ 일대일 4유형 경쟁 Competition

일대일 4유형은 수치심과 고통을 느끼지 않기 위해서 자신의 감정을 밖으로 표출하여 다른 사람을 고통스럽게 합니다. 경쟁함으로써 시기를 표현하며 다른 4유형보다 자기주장이 강합니다.

자기관찰
자신 안에서 관찰해야 할 내용

▶ 분노와 자기주장

어떤 일들이 당신을 화나게 하는지, 당신이 어떻게 분노를 표출하는지 관찰하십시오. 분노가 고통, 슬픔 또는 무가치함을 느끼지 못하게 하기 위한 방어기제로 어떻게 기능하고 있는지 주목하십시오.

▶ 불만족을 외면화할 때 알아차리기

외부 사람이 당신을 인정해주지 않거나 적절한 방식으로 당신의 필요를 채워주지 않는 것에 초점을 맞추고 있는 것을 알아차리십시오. 사람들이 당신에게 감사하지 않거나 당신의 수고를 인정하지 않는 것처럼 보일 때 좌절감을 느끼는 것에 대해 알아차리십시오.

▶ 필요를 표현하기

다른 사람들에게 당신의 필요를 입증하고 그것을 충족시켜달라고 어떻게 주장하는지 관찰하십시오. 자신의 고통을 최소화하거나 전환시키기 위한 수단으로 다른 사람들에게 초점을 맞추려고 할 때를 알아차리십시오.

▶ 경쟁과 탁월함이나 우월함에 대한 욕구

시기에 대한 반응으로 시기심을 느끼지 않기 위해서 경쟁심을 느끼는 순간을 알아차리십시오.

▶ 오만한 태도를 취하는지 관찰하기

무가치하고 결핍된 느낌에 대한 과잉보상으로 어떻게 오만한 태도를 취하는지 관찰하십시오.

자기통찰

깊은 수준에서 이해할 필요가 있는 중요한 패턴과 특성에 대해 탐구해 보기

▶ 분노의 이면을 접근하기

분노의 근원을 탐구하고 분노함으로 무엇을 회피하게 되는지 탐색해 보십시오.

▶ 드라마와 자기주장

권력을 행사하는 방법으로 화를 내는 성향을 탐구하십시오. 지루함을 피하기 위해 때때로 극적인 것이나 강렬함을 증폭시킬 수 있음을 탐구해 보십시오.

▶ 결핍에 대항하여 우월함 주장하기

우월하거나 오만한 태도를 취하는 성향과 특별하거나 최고로 보이고 싶은 욕구 이면에 무엇이 있는지 이해하십시오.

▶ 필요를 표현하는 것

자신의 필요를 주장하거나 강한 감정을 표현할 때 당신이 다른 사람에게 주는 영향을 이해하십시오.

적절한 때 자동적인 패턴을 바꾸거나 완화하기 위해 해야 할 일

▶ **분노 아래에 있는 슬픔에 접근하기**

슬픔과 고통을 직면하는 능력을 개발하십시오. 경쟁하고 최상위에 있거나 특별하려는 욕구에 가려있는 슬픔과 고통을 인식하십시오.

▶ **자신의 주장을 조절하고 균형 잡기**

당신의 깊은 슬픔이나 고통의 감정을 주장하는 것에 대해 주의하십시오.

▶ **경쟁하려고 하는 충동 누그러뜨리기**

최고로 인정받으려 하는 충동을 조절하십시오.

▶ **시기를 느끼는 능력 키우기**

경쟁하거나 화를 내고 불만을 표출함으로써 시기를 나타내는 대신에 그것을 초월하는 능력을 계발하십시오.

5유형의 세 가지 하위유형

5유형의 세 가지 하위유형은 비교적 서로 비슷하다. 다른 유형들보다 훨씬 비슷해 보이는 면이 있다. 이들은 시간과 에너지 같은 자원이 부족하다고 여기기 때문에 사용하지 않으려는 성향이며, 격정인 인색으로 인해 필요 및 다른 사람과의 연결을 최소화하려는 모습을 보인다.

세 가지 5유형은 자신을 유지하기 위해 초점을 맞추는 성향에 대한 다른 감각을 보여준다. 자기보존 5유형은 경계선을 구축하고 유지하는 것에 집중하며, 사회적 5유형은 그룹 및 아이디어와 관련된 특정 이상을 신봉하고, 일대일 5유형은 신뢰할 수 있으며 낭만적 이상을 표출할 수 있는 다른 사람과의 관계를 추구한다.

⬙ 자기보존 5유형 은신처 Castle

자기보존 5유형은 경계선에 집중하며 필요할 때 물러날 수 있는 은신의 장소를 갖는 것, 그리고 위험한 세상 속에서 안전함을 느끼기 위해 자신이 세운 벽 뒤에 필요한 것을 전부 갖추는 일에 초점을 둔다.

자기관찰

자신 안에서 관찰해야 할 내용

▶ 경계선의 존재와 역할

당신의 삶 속에서 경계선의 중요성과 그 경계선을 어떻게 만들고 유지하는지 관찰해 보십시오. 견고한 울타리를 치고 있는 생활이 인간관계에 어떤 영향을 주는지 관찰해 보십시오. 이 울타리가 당신이 지원 가능한 관계에 접근하는 것을 막아서 이것을 유지하는 일이 오히려 더한 빈곤과 결핍으로 이어지지는 않는지 알아차려 보십시오.

▶ 감정으로부터 거리 두기

당신의 감정과 어떻게 관계를 맺는지 관찰해 보십시오. 어떤 감정이 더 자주 올라오고 그럴 때 어떤 기분입니까? 당신의 감정을 느끼는 일이 무엇 때문에 위협적으로 느껴지십니까?

▶ 필요와 욕구를 제약하는 것

다른 사람에 대한 의존이나 세상과의 상호작용을 피하기 위해 당신이 어떤 식으로 필요와 욕구를 제약하는지 관찰해 보십시오. 필요와 욕구를 제약하지 않아도 될 때를 알아차리십시오.

▶ 사생활에 대한 당신의 욕구를 관찰하기

당신에 대해 공유하는 일에 대해서 두려움이나 염려가 있는지 관찰해 보십시오.

▶ 고갈에 대한 두려움

다른 사람에 의한 고갈과 시간, 공간, 에너지의 부족에 관해 당신이 가진 신념을 알아차려 보십시오.

깊은 수준에서 이해할 필요가 있는 중요한 패턴과 특성에 대해 탐구해 보기

▶ 경계선을 필요로 하는 성향 이면의 동기 살펴보기

경계선과 높은 수준의 사적 공간과 시간을 필요로 하는 성향 이면에 어떤 두려움이나 염려가 있는지를 탐구해 보십시오.

▶ 당신의 필요와 욕구를 제약하는 이유 탐구하기

왜 다른 사람에게 요구하길 원하지 않는지 탐색해 보십시오. 당신의 필요를 표현하는 것이나 다른 사람이 당신을 필요로 하는 것에 관해 어떤 걱정을 가지고 있습니까?

▶ 감정의 경험

관찰한 내용을 바탕으로 당신과 당신의 감정과의 관계를 살펴보십시오. 당신은 얼마나 자주 그리고 어떻게 당신의 감정을 경험합니까? 슬픔, 두려움, 분노를 포함하여 당신의 감정을 공유한다고 생각할 때 어떤 걱정이 떠오릅니까? 그리고 그 걱정들 이면에는 무엇이 있습니까?

▶ 당신의 경계선을 조절해보기

당신이 신뢰하는 사람들 주변으로 평소보다 약간 더 경계선을 확장해보고 무슨 일이 일어나는지 관찰해 보십시오.

자기관리
적절한 때 자동적인 패턴을 바꾸거나 완화하기 위해 해야 할 일

▶ 경계선을 이완시키거나 조절할 수 있는 방법 생각해보기

당신의 감정을 포함하여 당신 자신에 관해 공유할 수 있는 공간을 만들어 보십시오.

▶ 감정과 연결되어 머물도록 시도하기

어떤 감정을 느끼는지 그리고 느낀다는 것이 무엇인지에 대해 배우기 위해서 당신의 감정 안에 머물러보는 위험을 감수해 보십시오.

▶ 다른 사람과 더욱 공유하는 시도를 해보기

다른 사람에게 약간이라도 마음을 여는 작업을 해보십시오.

▶ 부족에 대한 당신의 신념에 도전하기

당신이 인지하는 것보다 풍부한 에너지와 자원들을 가지고 있음에도 이 부족하다는 신념 때문에 결핍이나 고갈의 느낌에 사로잡히는 경우가 많다는 사실을 알아차리십시오.

▶ 다른 사람과의 관계를 통해 내면의 자원 보충하기

다른 사람이 당신을 지원할 수 있도록 스스로에게 허용하고 타인에게서 필요한 것들을 받아들여 보십시오.

⬡ 사회적 5유형 토템 Totem

사회적 5유형은 사람과 인간관계에 대한 욕구는 적은 대신 지식의 축적에 대한 열정으로 가득하다. 이들은 자신의 이상을 공유하는 사람들과의 관계 맺기와 삶의 의미를 제공하는 높은 이상을 반영하는 명분을 지지하는 일에 초점을 맞춘다.

자기관찰

자신 안에서 관찰해야 할 내용

▶ **더 큰 가치와 관심사를 공유할 전문가 모임과 관계 맺고 싶은 욕구**

가까운 사람과 관계를 맺기보다는 명분이나 이상, 지식 시스템에 대한 당신의 헌신을 공유하는 사람들과의 관계 맺기를 선호하는 당신을 관찰해 보십시오.

▶ **전문가 사이에서 전문가 되기**

전문가와 전문 지식이 어떤 식으로 당신에게 높은 가치를 부여하는지, 그리고 그 분야의 최고 전문가와 연결되기 위해 당신이 무엇을 하는지 알아차려 보십시오. 그 분야의 '전문가'에 대해 당신이 가진 열정 및 연결이 당신에게 어떤 의미인지 관찰해 보십시오.

▶ **의미 탐색의 중요성**

높은 이상에 대한 탐색이 당신의 삶이 의미 있다는 보장과 의미가 결핍되어 있다는 두려움을 어떤 식으로 반영하는지 알아차려 보십시오. 직접적 방식이 아니라 높은 이상의 공유를 통해 또는 공유된 감정을 통해 다른 사람과 관계 맺는 방식을 관찰해 보십시오.

▶ 지적 참여

당신이 주로 지적 수준에서의 삶에만 참여하면서 온전한 삶의 경험에 대한 욕구를 부인하고 있지는 않은지 알아차려 보십시오.

▶ 그룹 내 vs 그룹 외 관계

당신이 매일 만나는 가족, 친구, 동료들보다 당신의 지적 관심사를 공유하거나 명분을 위해 일하는 사람과 열정적으로 관계를 맺고 있는지 알아차리십시오. 당신이 주변 사람들과는 관계를 덜 맺고 생각이 비슷한 사람들이 모인 소규모 그룹에서 얼마나 참여하고 헌신하는지 알아차려 보십시오.

`자기통찰`
깊은 수준에서 이해할 필요가 있는 중요한 패턴과 특성에 대해 탐구해 보기

▶ 높은 이상에 대한 욕구 탐구하기

당신의 삶에 의미를 주는 지식 분야나 활동에 얼마나 몰입하는지 알아차리십시오.

▶ 무의미함을 피하기 위해 의미 찾기

당신에게 의미가 있다는 것과 무의미함에 대한 두려움 사이의 양극성을 탐구해 보십시오. 무엇이 당신으로 하여금 의미를 탐색하도록 부채질합니까?

▶ 전문 지식과 연결되고자 하는 욕구

최고 수준의 전문가와 관계 맺고 싶어하는 당신의 성향 그리고 스스로 전문가가 되어야 하는 욕구를 탐구해 보십시오.

▶ 가장 가까운 사람들과 관계를 맺는 방식 탐구하기

가장 가까운 사람들과의 깊은 관계 또는 직접적인 상호작용을 받아들이는 일이 얼마나 쉽습니까? 또는 어렵습니까? 당신의 관심사와 가치를 공유하면서 먼 거리에 있는 사람과 관계를 맺는 것 그리고 매일의 삶에서 만나는 사람과 관계를 맺는 것 사이의 차이를 알아차려 보십시오.

자기관리

적절한 때 자동적인 패턴을 바꾸거나 완화하기 위해 해야 할 일

▶ 지식에서 사람으로 초점을 옮기기

지식과 사고 시스템의 공유에서 인간관계와 감정의 공유까지 포함시키도록 초점을 넓혀 보십시오.

▶ 그룹 내 사람으로 간주되는 엄격한 요건을 이완시키기

당신의 관심사와 이상과 연결된 그룹에 오직 최고의 전문가나 가치가 있는 사람들만 출입하게 하는 엄격한 요건을 이완시켜 보십시오.

▶ 전문가가 되지 않아도 된다는 태도를 가져보기

▶ 알지 못하는 것을 견디는 법 배우기

알지 못해도 편안하게 느껴보는 태도, 그리고 매일의 일상 속에서 만나는 사람들에게 마음을 여는 시도를 해보십시오.

▶ 가장 가까운 사람들과 연결되기

당신이 어떻게 느끼는지 그리고 무슨 생각을 하는지 가까운 가족과 친구들에게 마음을 열어보십시오.

◈ 일대일 5유형 자신감 Confidence `역유형`

일대일 5유형은 가장 감정적인 5유형으로서 자신을 예술적으로 또는 창의적으로 표현하는 것, 그리고 자신이 신뢰하고 마음을 열 수 있다고 느끼는 소수의 사람들과 의미 있는 연결을 갖는 일에 초점을 둔다.

`자기관찰`
자신 안에서 관찰해야 할 내용

▶ 인간관계를 신뢰하고 싶은 욕구

가까운 인간관계와 관련된 당신의 필요와 욕구가 무엇인지 관찰해 보십시오. 상대방이 신뢰할 만한지 시험할 때와 어떤 식으로 시험하는지를 알아차려 보십시오. 다른 사람이 믿을 만한가에 대한 의심이 방어적으로 작용하는지 알아차려 보십시오. 그것이 당신 자신에 관한 공유를 막는 핑계가 됩니다.

▶ 내면의 삶

당신의 내면 삶의 공명을 관찰하고 당신이 다른 사람과 무엇을 공유하는지 또는 공유하지 않는지 알아차려 보십시오. 어떤 식의 자기표현이 가장 흥미롭고 편안하게 느껴집니까?

▶ 자기표현

편안하게 느껴지지 않는 내면의 감정을 예술이나 창의적 활동을 통해 직접적으로 표출하고 싶어하는 당신의 욕구를 관찰해 보십시오. 이런 면에서 당신은 어떤 활동을 합니까? 그런 활동이 당신에게 어떤 역할을 합니까?

▶ 다른 사람과 관계를 맺을 때 당신이 갖는 모든 두려움 알아차리기

그 두려움에 비추어 당신의 상호작용 방식을 알아차려 보십시오.

깊은 수준에서 이해할 필요가 있는 중요한 패턴과 특성에 대해 탐구해 보기

▶ 연결 시 특별한 것이 필요하다는 생각

당신의 연결을 향한 욕구와 다른 사람과의 연결을 위해 자신을 공유해도 좋다고 느껴지려면 무엇이 필요한지에 대해 탐구해 보십시오.

▶ 신뢰에 대한 욕구

다른 사람과 당신에 대해 공유하기 전에 얼마나 높은 수준의 신뢰를 요구하는지 탐구해 보십시오. 누군가를 신뢰하려면 무엇이 필요한지 그리고 마음을 여는 일이 두려운 이유를 탐구해 보십시오. 그 두려움은 어디에서 옵니까? 그리고 무엇에 관한 두려움입니까?

▶ 창의적 표현에 대한 욕구

예술적 또는 창의적 표현은 당신에게 어떤 역할을 합니까? 그리고 당신의 낭만적 또는 감정적 측면을 공유하는 안전한 매개체로써 그것이 어떻게 기능하는지 탐구해 보십시오.

▶ 당신의 감정과의 관계

당신이 자신의 감정과 어떤 식으로 관계 맺는지, 그리고 당신의 감정을 다른 사람과 소통하는 일에 어느 정도나 편안한지 이해해 보십시오.

적절한 때 자동적인 패턴을 바꾸거나 완화하기 위해 해야 할 일

▶ **신뢰를 확인하기 위해 다른 사람을 시험하고 싶어하는 성향 조절하기**

마음이 허락한다면 이전에 친밀함을 피하는 수단으로써 상대방에게 요구했던 높은 기준을 완화시켜서 당신이 정말로 원하는 종류의 연결을 더 많이 맺을 수 있도록 해 보십시오.

▶ **더 많은 사람들과 공유하기**

과도하게 높은 수준의 신뢰성을 입증하도록 요구하지 않으면서, 충분히 안전한 느낌을 가지고 내면의 삶을 외부 사람들과 공유하는 위험을 감수해 보십시오.

▶ **두려움을 느끼지만 행동해보기**

관계 안에서 일어나는 두려움, 특히 감정의 표현을 둘러싼 두려움을 느껴보고 작업해 보십시오.

▶ **당신의 창의적 노력을 널리 공유하기**

당신의 예술이나 창의적 노력들이 당신으로 하여금 내면의 삶을 다른 사람과 공유하고 자신을 표현할 수 있는 중요한 수단이라는 사실을 알고 그것을 가치 있게 여기고 적극적으로 공유해 보십시오.

6유형의 세 가지 하위유형

6유형의 세 가지 하위유형은 격정인 '두려움'에 대해 다른 접근법을 가지고 있다. 세 가지 하위유형 사이의 차이점은 6유형에서도 두드러지게 드러난다. 자기보존 6유형은 사람들과 연결됨으로써 두려움에 대처하며, 사회적 6유형은 규칙과 기준점을 찾아봄으로써 두려움에 대처하고, 일대일 6유형은 강함이라는 태도로 두려움을 거스름으로써 두려움을 다룬다.

⬡ 자기보존 6유형 따뜻함 Warmth

자기보존 6유형은 다른 사람과의 관계에서 보호를 찾음으로써 두려움에 대처한다. 이들은 두려움과 불안정을 느낄 때 주변의 지지를 끌어들이기 위해 따뜻하고 친근하게 행동하려고 노력한다.

자기관찰
자신 안에서 관찰해야 할 내용

▶ 두려움 관찰하기

두려움이 어떻게 당신 안에서 작동하는지 알아차리십시오. 세상의 위험이나 위협의 정도에 대해 당신은 어떤 생각과 신념을 가지고 있습니까? 당신은 두려움에 어떻게 반응합니까? 세상이 위험하거나 불확실한 곳이라는 당신의 신념을 관찰해 보십시오.

▶ 두려움과 불확실성에 대처하는 전략

두려움 앞에서 확실성과 안전을 구축하기 위해 어떤 노력을 하는지 알아차리십시오.

▶ 신뢰

다른 사람을 신뢰한다는 것에 대한 당신의 태도를 관찰해 보십시오. 다른 사람을 믿는 일이 얼마나 쉽습니까? 또는 어렵습니까? 어떤 종류의 일이 당신의 신뢰를 얻게 합니까? 또는 잃게 만듭니까?

▶ 관계 안에서 보호를 찾는 것

당신이 다른 사람으로부터 안정이나 보호를 구하는 방식을 관찰해 보십시오. 어떤 종류의 사람들이 당신에게 안정감을 줍니까? 또는 불안하게 만듭니까?

▶ 분노나 대인관계에 대한 반응

당신 자신의 분노와 공격성뿐만 아니라 다른 사람의 분노에 대해 당신이 어떻게 반응하는지 관찰해 보십시오. 다른 사람이 믿을 만한지 확인하기 위해서 어떤 부분을 보는지 관찰해 보십시오.

▶ 의심

다른 사람에 대해 생각하고 관계 맺는 방식에서 의심과 의문 제기가 어떻게 작동하는지 알아차려 보십시오. 스스로 의심하는 성향이 있습니까? 다른 사람에 대해서는 어떻습니까? 그 이유는 무엇입니까?

깊은 수준에서 이해할 필요가 있는 중요한 패턴과 특성에 대해 탐구해 보기

▶ 당신의 두려움 탐구하기

두려움이 일어나는 이유, 두려움이 어떻게 경험되고 표현되는지, 그리고 그에 대처하기 위해 어떻게 하는지, 안전하고 보장된 느낌을 갖도록 돕는 것이 무엇인지 탐구해 보십시오.

▶ 보호장치를 마련하고 구축함으로써 두려움에 대처하기

당신의 삶에서 우정이 하는 역할은 무엇입니까? 그리고 당신의 친구와 동맹을 맺음으로써 보호장치를 구축하는 방식을 탐구해 보십시오.

▶ 내면의 보호 또는 그것의 부족

당신의 내적 권위와 힘에 대한 당신의 태도를 탐구해 보십시오. 당신 자신의 분노를 어떻게 대하는지 알아차리십시오. 그 분노를 느끼고 표현하는 일이 얼마나 쉽거나 어렵습니까? 무엇이 그 분노를 느끼고 표현하지 못하도록 막고 있습니까? 용기에 대한 당신의 태도 그리고 두려움 앞에서 당신이 어떤 식으로 용기 있게 행동하는지 탐구해 보십시오.

▶ 두려움과의 관계

두려움과 불안정이 인간관계와 당신의 삶에 끼치는 영향에 대해 더 많이 알아차려 보십시오.

적절한 때 자동적인 패턴을 바꾸거나 완화하기 위해 해야 할 일

▶ **자신을 신뢰하는 용기 갖기**

명확하게 행동하고 스스로 선택하며 믿음을 키우십시오.

▶ **다른 사람에게서 보호를 찾으려 하는 욕구 이완하기**

자신이 가지고 있는 힘에 대해 믿어보십시오. 당신이 스스로 보호할 수 있는 능력이 있음을 깨달으십시오.

▶ **당신의 힘을 기르기**

분노, 자기주장, 자신감을 스스로에게 허용하십시오. 두려움 앞에서 용기, 권위, 힘에 더욱 수월하게 연결하는 능력을 키우십시오.

▶ **자기의심 조절하기**

모든 일에 의문을 제기하려 하는 성향을 조절해 보십시오. 가슴_{당신의 감정에 접촉}과 장_{당신의 본능과 '직감'에 연결}으로 움직여 두려움이 부추기는 정신적 고리로부터 벗어날 수 있는 능력을 키우십시오.

▶ **용기와 신뢰 계발하기**

당신의 용기, 위기 앞에서 침착할 수 있는 역량, 직관, 준비성을 포함하여 당신의 재능과 강함을 인식하십시오. 두려움에 대처하는 방법으로써 더 많이 신뢰하는 법을 배우십시오.

⬡ 사회적 6유형 의무 Duty

사회적 6유형은 근거, 규칙, 기준점을 자신의 삶에 지침이 될 비인격적 권위로 의지함으로써 두려움과 관련된 불안에 대처한다. 두려움 앞에서 상당히 지적인 유형인 이들은 이성과 논리적 사고에 의지함으로써 상황을 확실하게 만든다.

자기관찰
자신 안에서 관찰해야 할 내용

▶ 두려움과 불안
두려움과 불안에 어떻게 대처하는지 관찰해 보십시오. 어떤 종류의 대상 즉 사람 또는 지침 또는 권위가 당신으로 하여금 더 안전하게 느끼게 합니까? 모호함과 불확실성에 당신이 어떻게 반응하는지 관찰해 보십시오.

▶ 권위에 대한 순종
큰 권위를 향한 욕구와 어떤 종류의 권위가 당신으로 하여금 안정감을 느끼도록 도와주는지 관찰해 보십시오.

▶ 두려움에 대처하기 위해 특정 권위에 대해 지나치게 확신하는 것
특정 사고방식, 일련의 규칙, 특정 시스템이나 권위에 대해 당신이 어떤 식으로 '맹신자'가 되는지 알아차려 보십시오.

▶ 작동하고 있는 법률이 최고라는 인식을 돌아보기
효율성, 정밀성, 질서가 당신에게 어떤 역할을 합니까? 정밀하고 효율적인 것이 당신에게 얼마나 중요합니까?

▶ 규칙과 기준점

당신 삶 속에서 어떤 종류의 규칙들, 기준점들, 지침들을 채택했는지 그리고 그것들이 어떤 기능을 하는지 알아차려 보십시오. 훌륭한 권위나 시스템의 규칙을 따르는 일이 당신에게 얼마나 중요하고 그것이 어떤 기능을 합니까?

자기통찰

깊은 수준에서 이해할 필요가 있는 중요한 패턴과 특성에 대해 탐구해 보기

▶ 권위에 대한 당신의 관계 탐구하기

어떤 형태의 외부 권위가 안전하게 느껴지며 안정감을 제공합니까? 그리고 그 이유는 무엇입니까?

▶ 두려움과 위협의 근원 탐구하기

어떤 종류의 경험과 사람이 당신에게 위협적으로 느껴집니까?

▶ 두려움과 위협 앞에서의 당신의 반응과 대처 전략 탐구하기

당신은 두려움과 불안을 어떻게 관리합니까?

▶ 불확실성이 위협적으로 느껴지는 이유 탐구하기

불확실하게 느껴질 때 당신이 어떻게 반응하는지 탐구해 보십시오. 확실성을 찾기 위해 당신은 어떻게 합니까?

▶ '맹신자'가 되는 성향 이해하기

삶의 구조를 제공하거나 두려움을 완화시켜주는 무언가를 제공하는 대상 또는 사람을 맹신하게 되는 성향을 이해해 보십시오.

▶ '의무'에 대한 생각 탐구하기

당신이 생각하는 의무의 의미와 그 기능을 이해해 보십시오. '의무'라는 개념을 당신은 어떻게 이해합니까?

자기관리

적절한 때 자동적인 패턴을 바꾸거나 완화하기 위해 해야 할 일

▶ 용기 갖기

단지 지적인 지도에 의지하는 대신 본능적, 직관적 차원에서 더 많이 행동해 보십시오.

▶ 의무보다 즐거움을 더 찾기

▶ 당신 외부에서 찾기보다 내부에서 자신만의 권위를 갖는 방법 배우기

▶ 불안과 불확실성을 견디기

그것을 해결하기 위해 자신의 내적 권위를 바탕으로 행동하는 법을 배워 보십시오.

▶ 규칙과 기준을 제공하는 답안이나 법규를 고수하는 성향 이완시키기

▶ 보다 즉흥적, 충동적, 감정적인 능력 키우기

⬡ 일대일 6유형 강함 Strength / 아름다움 Beauty 역유형

일대일 6유형은 가장 공포대항적 성향으로 강함을 통해 두려움에 맞서는 데 초점을 맞춘다는 의미이다. 이들은 위험이 가까이 오지 못하게 하는 방법으로 다른 사람을 위협하고 위험한 상황을 향해 움직임으로써 두려움과 불안을 다룬다.

자기관찰
자신 안에서 관찰해야 할 내용

▶ **두려움과 접촉하기**

두려움에 대한 반응으로 당신이 어떤 식으로 두려움을 내색하지 않고 강함을 보여주기 위한 행동으로 뛰어드는지 관찰해 보십시오. 두려움을 느끼는 것 자체를 어떻게 회피하는지 알아차려 보십시오.

▶ **두려움에 대처하기**

당신이 다른 사람에게 위협적으로 느껴질 수도 있는 방식으로 위험을 살피고 경계 태세를 어떻게 유지하는지 관찰해 보십시오.

▶ **강함과 위협에 대한 필요**

두려움에 대한 무의식적 반응으로 어떤 식으로 위험하거나 위태로운 상황 속으로 뛰어드는지 알아차리십시오.

▶ **당신의 분노와 공격적 반응 관찰하기**

당신의 공격성을 온전히 인지하지 못한 채 어떤 식으로 공격적으로 행동하는지 알아차려 보십시오.

▶ 반대 의견을 표하며 반항적인 성향

당신이 어떤 식으로 반대자 역할을 하며 왜 그렇게 행동하는지 알아차려 보십시오. 당신이 권위 인물에 대해 어떤 식으로 의심하거나, 불신하거나, 반항하는지 알아차리십시오. 그렇게 행동하는 이유가 무엇입니까?

깊은 수준에서 이해할 필요가 있는 중요한 패턴과 특성에 대해 탐구해 보기

▶ 위협하고 싶은 충동 아래에 있는 두려움과 접촉하기

당신의 두려움의 본질과 근원에 대해 깊은 이해를 키워 보십시오.

▶ 당신의 두려움과 불안을 느끼고 탐구하는 능력 계발하기

당신이 두려움을 표현하는 것의 여부와 관계 없이 어떤 종류의 일이 당신을 두렵게 만들며 당신은 어떤 식으로 반응하는지 살펴보십시오.

▶ 취약함 탐구하기

당신은 왜 당신의 취약함을 느끼는 일이 어렵게 여겨집니까? 그 이유는 무엇이며 그 뿌리는 어디에 있습니까?

▶ 다른 사람에게 끼치는 당신의 영향력 이해하기

당신은 자신이 생각하는 것만큼 위협적입니까? 강하고 무적의 존재로 자신의 모습을 내보이는 방어적 성향의 장점과 단점은 무엇입니까? 당신이 반항하거나 공격적일 때 인간관계에 끼치는 영향이 어떻습니까?

▶ 진정한 용기가 무엇인지 이해하기

당신이 용기 있게 보일 때, 그것이 두려움에 대한 자동적 패턴이거나 과잉반응이기 때문에 진정한 용기가 아닐 수도 있다는 사실을 고려해 보십시오. 진정한 용기는 취약함을 진정으로 경험하는 것까지 포함합니다.

`자기관리`

적절한 때 자동적인 패턴을 바꾸거나 완화하기 위해 해야 할 일

▶ 스스로에게 무장해제 하도록 허용하기

취약함을 편안하게 느끼고 스스로 연약해질 수 있는 능력을 키워 보십시오.

▶ 두려움과 만날 수 있는 역량 계발하기

단순히 두려움을 행동화하는 대신에 그 두려움이 어디에서 오는지 이해해 보십시오.

▶ 반대하고 반항하는 반응 조절하기

당신에게 힘을 발휘하는 사람들을 향한 자동적 반응으로서 반항하거나 반대 입장을 취하는 당신의 성향을 완화시키는 능력을 키워 보십시오.

▶ 위협에 대처하는 당신의 공포대항 전략 이해하기

▶ 인간관계 안에서 취약함을 표현하는 방법 배우기

7유형의 세 가지 하위유형

7유형의 세 가지 하위유형은 '탐닉'이라는 격정을 각각 다른 방식을 표현하거나 반응한다. 자기보존 7유형은 쾌락, 만족을 주는 기회들, 동맹 네트워크에 대한 탐욕스러운 탐색을 통해 안전을 찾는다. 사회적 7유형은 다른 사람에 대한 봉사를 통해 일종의 반탐닉을 표현한다. 그리고 일대일 7유형은 궁극적 관계와 상상 가능한 최고의 경험을 찾는 이상주의적 탐색으로 탐닉을 표현한다.

✧ 자기보존 7유형 당파의 수호자 Keeper of the Castle

자기보존 7유형은 동맹의 형성을 통해 탐닉을 표현한다. 이들은 일종의 가족 네트워크처럼 동맹군들을 주변에 모집하는데, 무리를 짓거나 파벌이나 당파를 형성한다.

자기관찰
자신 안에서 관찰해야 할 내용
- -

▶ 행동 안에 나타나는 자기이익 지향성 관찰하기

당신은 자기이익 지향성과 기회주의적 성향을 가지고 있지만, 이 사실을 부정하기도 합니다. 기민한 기질이 좋은 기회를 잡는 데 어떤 도움이 됩니까? 습관적으로 자기이익의 최대화에 집중하는 것이 인간관계에 어떤 영향을 끼치는지 알아차려 보십시오.

▶ 동맹 형성하기

네트워크나 상호 지원하는 동맹을 형성하는 일이 당신에게 얼마나 안전하고 보장된 느낌을 주는지 알아차려 보십시오. 이런 종류의 인간관계에서도 무의식적으로 자기이익의 요소가 포함되었는지 알아차려 보십시오.

▶ 내재된 불안

당신이 원하는 것을 얻기 위한 충동이 얼마나 강한지 그리고 두려움이나 불안에 반응하여 무엇을 하는지 알아차려 보십시오. 당신이 느끼는 불안과 그것을 다루는 방법을 알아차려 보십시오. 결핍을 경험할 때 어떤 식으로 당황해 하는지 의식해 보십시오.

▶ 기회주의적 성향을 인지하기

생존을 지원하는 기회들에 예민한지 관찰해 보십시오. 기회들을 창출하거나 이용하기 위해 어떤 일들을 합니까?

▶ 안전에 대한 두려움이 어떻게 지략을 발휘하도록 동기 부여를 하는지 알아차리기

실질적 기술을 계발하려는 동기가 원하는 일을 이루고 물질적 보상과 즐거운 경험을 만들려는 것에 있음을 알아차려 보십시오.

자기통찰

깊은 수준에서 이해할 필요가 있는 중요한 패턴과 특성에 대해 탐구해 보기

▶ 당신이 느끼는 모든 불안 탐구하기

단순히 불안으로 인해 행동하는 대신에 깊은 수준에서 그 불안을 이해하고 다루어 보십시오. 무엇에 대한 불안이며 어디에서 비롯됩니까?

▶ 기회주의적 성향의 근원과 활동 이해하기

기회, 좋은 거래, 동맹 네트워크에 대한 탐색이 생존에 대한 불안이나 어떤 근원적인 두려움과 연결되어 있는지 탐구해 보십시오.

▶ 자기이익 지향성 탐구하기

당신의 자기이익을 위한 행동이 어떻게 당신을 지지하고, 원하는 것을 얻게 해주는 힘이 되는지 그리고 다른 사람을 조정하게 만드는지 알아차려 보십시오. 자신의 쾌락이나 최대한의 자기이익을 보장하려는 욕구로부터 나오는 행동은 아닌지 성찰해 보십시오.

▶ 쾌락이 어떻게 당신에게 동기 부여를 하는지 이해하기

쾌락이 당신이 하는 일에서 어떤 역할을 하는지 이해해 보십시오. 즐거움을 향한 욕구가 어떻게 안전을 향한 욕구와 연결되는지 탐구해 보십시오.

적절한 때 자동적인 패턴을 바꾸거나 완화하기 위해 해야 할 일

▶ 기회주의, 자기이익과 다른 사람에 대한 관심, 배려 사이에서 균형 잡기

다른 사람들이 원하고 필요로 하는 것이 무엇인지 이해하는 일에 시간을 들여보십시오. 자기이익을 위한 동기를 조금씩 더 의식해 보십시오.

▶ 행동에서 나타나는 불안을 살펴보고 추적해보기

당신이 가진 두려움과 불안을 느끼고 이해하며 그런 감정들의 근원을 확인해 보십시오.

▶ 실용주의와 안전 사이의 연결관계 인식하기

실용적이고 실질적으로 행동하는 능력으로 인해 당신이 세상 속에서 안전하다고 느끼는지 확인해 보십시오.

▶ 당신의 감정에 익숙해 지고 다른 사람의 감정에도 공감하기

◈ 사회적 7유형 희생 Sacrifice `역유형`

사회적 7유형은 다른 사람을 지원하고 세상의 고통을 완화시키기 위해 자기이익 대로 행동하려는 유혹에 반하는 일에 초점을 맞춘다.

`자기관찰`
자신 안에서 관찰해야 할 내용
- -

▶ 탐닉에 반하여 하는 행동 관찰하기
자신의 이익을 위한 행동과 그것에 반하려는 욕구가 어떤 식으로 이기심에 대한 금기를 만들어내는지 알아차려 보십시오.

▶ 봉사하는 것
다른 사람에게 봉사하도록 동기부여 하는 것이 무엇인지 관찰해 보십시오. 다른 사람의 고통을 완화시키고 당신이 얻는 것은 무엇입니까?

▶ 인정에 대한 욕구
인정을 필요로 하는 당신의 마음을 알아차려 보십시오. 인정을 필요로 하는 이유와 그 근원은 무엇입니까? 당신의 봉사나 희생을 인정받기 위해서 당신은 어떤 일을 합니까?

▶ 열정적 비전
전반적으로 어떤 일이 당신에게 동기를 부여합니까? 당신이 하는 일 그리고 다른 사람과 관계 맺는 방식에서 열정은 어떤 역할을 합니까? 열정과 이상주의를 통해 현재 일어나는 상황을 조정하려고 하는 당신의 성향을 관찰해 보십시오.

깊은 수준에서 이해할 필요가 있는 중요한 패턴과 특성에 대해 탐구해 보기

▶ 이상주의와 이타주의의 기능 이해하기

이상주의와 이타주의를 지향하는 것이 당신 내면 깊은 곳의 쾌락이나 자기이익에 끌리는 마음에 대한 죄책감을 어떻게 완화시키는지 탐구해 보십시오.

▶ 사심이 없는 것과 좋은 사람으로 보이고 싶은 욕구 사이의 관계 이해하기

▶ 당신에게 있을 수도 있는 이기심에 대한 금기 탐구하기

그런 마음이 어디에서 오며 당신이 어떤 식으로 그것을 처리하고 있는지 알아차려 보십시오.

▶ 희생 이면에 있는 동기 확인하기

당신의 이상과 다른 사람을 위해 자신을 희생하거나, 그룹이나 가족을 위한 책임 때문에 자신의 욕구를 미루는지 탐구해 보십시오.

적절한 때 자동적인 패턴을 바꾸거나 완화하기 위해 해야 할 일

▶ 의식적으로 이타주의와 자기이익 사이에서 균형 잡기

다른 사람을 위해 책임을 맡고 베푸는 성향과 자신을 책임지고 보살피는 것 사이에서 균형을 잡아보십시오.

▶ 이상주의와 열정의 기능 인지하기

당신의 이상주의와 열정의 바탕이 선한 의도인지, 현실적이고 가능한 것인지, 아니면 당신이 계속 추진해가기 위해 당신이 만들어낸 환상인지를 인지해 보십시오

▶ 당신이 다른 사람이나 그룹을 위해 하는 일의 동기 인지하기

당신이 상대로부터 감사와 인정, 좋은 이미지를 얻고 갈등을 줄이며 다른 사람들로 하여금 빚진 마음이 들 정도로 하고 있는 일은 무엇입니까? 또 그렇게 하는 이유는 무엇입니까? 진정으로 이타주의적인 이유로 하고 있습니까?

▶ 다른 사람에게 봉사하는 방법 대신 당신 자신의 가치와 훌륭함을 바탕으로 자신감 키우기

▶ 낙천주의, 열정주의, 이상주의를 조절하는 방법 배우기

⬡ 일대일 7유형 피암시성 Suggestibility

일대일 7유형은 일상의 현실보다 상상 속의 현실을 사는 것에 초점을 맞추며, 상상할 수 있는 긍정적 이상을 바탕으로 상황을 미화하고자 한다.

자기관찰
자신 안에서 관찰해야 할 내용
- -

▶ 상상의 현실 속으로 피신하기

현실을 피하기 위한 수단으로 당신이 상상 속에 살 때를 알아차려 보십시오. 당신이 직면하길 원하지 않는 감정이나 현실을 인지해보는 시도를 해보십시오. 공상을 지지하는 논리적 주장과 합리화를 인지하십시오. 당신이 부정적이거나 불쾌하거나 무섭다고 감지하는 깊은 감정을 무의식적으로 회피하는 때를 알아차리십시오.

▶ 열정적 성향

현실을 미화하고 열정을 과장하는 성향을 관찰해 보십시오. 평범함을 이상화하려는 성향을 관찰해 보십시오. 당신이 어떤 식으로 즐거움에 초점을 맞추며 '장밋빛 안경'을 통해 대상을 바라보려 하는지 알아차려 보십시오.

▶ 피암시성

당신이 보고 싶어하는 세상이 진짜 현실이라고 스스로를 설득하고 있을 때를 알아차리십시오. 세상에 대한 당신의 순진함과 당신이 얼마나 열정에 쉽게 빠지는지 관찰해 보십시오.

▶ **긍정적 시각 관찰하기**

대상에 대한 긍정적 시각이 건설적인지 회피인지 식별해 보십시오.

▶ **내재된 두려움이나 불안 살피기**

두려움이나 불쾌감, 특히 현실로 인해 제약받는 두려움에서 오는 불편한 느낌을 차단하는 습관을 인식해 보십시오.

자기통찰
깊은 수준에서 이해할 필요가 있는 중요한 패턴과 특성에 대해 탐구해 보기

▶ **긍정적인 시각에 대한 당신의 욕구 이해하기**

당신이 실제 세상보다 가능성이 많은 긍정적 꿈 속에 살고 싶어하는 이유를 탐구해 보십시오.

▶ **현실로부터 도망치고 싶어하는 이유 탐구하기**

가능성이 존재하는 상황에 대해 환상을 가지는 욕구를 인지하고 현재 일어나고 있는 일들로부터 도망치고 싶은 마음을 느끼는지 관찰해 보십시오.

▶ **당신의 꿈을 지나치게 믿는 행동을 할 때 포착하기**

상상과 현실을 분별하는 법을 배워보십시오. 있는 그대로의 현실 속에 살고 싶어하지 않는 이유를 탐구해 보십시오.

▶ **두려움과 불안을 탐구하기**

특히 덫에 잡히거나 제약을 받는 것에 대한 두려움을 탐구해 보십시오. 이 두려움이 잠재적 동기로 작동하여 대상을 매우 긍정적 관점으로 보려는 마음이 생긴다는 것을 이해해 보십시오.

적절한 때 자동적인 패턴을 바꾸거나 완화하기 위해 해야 할 일

▶ **현실을 견디는 법 배우기**

현실에 수반되는 불편한 감정도 견디는 법을 배워 보십시오.

▶ **조금씩 더 현재에서 살기**

현재 벌어지고 있는 일로부터 도망치고 싶은 욕구를 느낄 때를 알아차리고, 현재에 머무는 시도를 해보십시오.

▶ **현실을 미화하는 습관 조절하기**

현실의 본질에 대해 좌절감이 들 때 지금 일어나고 있는 일들의 일부를 훨씬 이상화된 버전으로 대체하려는 시도를 스스로 알아차려 보십시오. 이것이 정말로 괜찮은 대안이 될 수 있는지를 생각하는 능력을 키우십시오. 당신이 장밋빛 안경을 통해 보는 상황에 대해 다른 사람들의 조언을 요청하고 도움을 받으십시오.

▶ **좌절감을 느끼게 하는 것이 무엇이든 도망치기보다 위험을 무릅쓰고 다가가기**

▶ **용기와 지혜로 피암시성을 완화시키기**

긍정성과 열정이 진지함과 불편함을 경험할 수 있는 역량과 균형을 맞추도록 해보십시오. 자신의 두려움으로부터 벗어나도록 스스로를 설득하기보다 거기에 대면하는 방법을 배워 보십시오.

제 **3** 장

유형들 사이의 차이 식별하기

당신의 에니어그램 유형 확인을 돕기 위해

유형들 사이의 차이 식별하기

아홉 가지 에니어그램 유형에서 당신의 핵심 유형을 정확히 아는 것은 어려운 작업이고 특히 처음 에니어그램을 접할 때 더욱 그렇다. 성격 유형의 설명 속에서 자신을 인식하기 어렵게 하는 맹점을 가지고 있다. 자신이 누구인지에 대한 내면의 모습과 외부에서 보이거나 해석되는 모습은 다르다. 또한 우리는 핵심 유형 하나만이 아니라 여러 유형들에 대한 경험을 갖고 있어서 자연스럽게 에니어그램의 아홉 유형들 중 하나 이상과 연관될 수 있다. 그것뿐 아니라 '날개' 유형^{핵심 유형의 양 쪽 유형}, 화살에 의해 연결된 유형들, 우리 부모의 유형들과 겹치는 특성들도 가지고 있다. 그리고 우리는 모두 자신이 되길 바라는 이상적인 인간상을 가지고 있고, 스스로를 보는 방식과 남에게 보여주는 방식이 있으며, 이 모든 것들은 실제 현실의 모습과 다를 수 있다. 이런 이유들로 자신을 객관적으로 보는 일이 어려울 수 있기에 자신의 유형을 금방 찾는 사람이 있는가 하면 자신의 유형을 찾기 어려운 사람도 있다.

당신의 유형을 찾는 첫 번째 단계는 아홉 유형 중 한 유형과 관련된 패턴을 인지하는 것이며, 두 번째 단계는 유형에 속해 있는 세 하위유형을 이해하는 것이다. 나란호의 하위유형은 아홉 가지 핵심 유형에 비해서 훨씬 구체적이고 자세한 정보를 제공하기 때문에, 이를 통해 에니어그램을 이정표로 활용하여 당신의 특정 습관과 기질들의 이유를 알고 어떻게 변화시킬 수 있는지 발견할 수 있다.

1유형과 2유형

1유형과 2유형은 다른 사람이 지키길 원하는 규칙이 있으며, 타인이 그 규칙을 따르지 않으면 불쾌해하고 방어적이 된다는 점에서 유사하다. 그러나 자세히 살펴보면 1유형은 2유형보다 훨씬 많은 규칙과 기대를 가지고 있으며, 이들의 기대는 광범위한 행동의 범위를 포함한다. 예를 들어 1유형은 본인이 관리하는 작업 방식, 작업 결과, 조직의 구성, 다양한 상황 속에서 사람들이 각각 어떻게 행동해야 하는지, 여러 상황 속에서 적절하거나 부적절한 복장을 규정하는 드레스 코드 등 수많은 종류의 규칙을 가지고 있다. 그에 비해 2유형의 규칙은 사람들이 서로를 어떻게 대해야 하는지에 훨씬 비중을 두고 있다. 또한 이들은 자신과 타인에게 비판적이지만, 대부분의 1유형은 2유형보다 그 경향이 심하다. 예를 들어 1유형의 '내면 비평가' 또는 '판단가' 성향은 그들의 삶의 80-90%를 차지하지만, 2유형의 비판 성향은 그 정도까지는 아니며, 거절이나 다른 사람을 실망시켰다는 마음처럼 괴로운 일이 있을 때 활성화한다.

두 유형은 자신을 '선하고', '책임감 있는' 사람으로 인식하고 다른 사람도 그렇게 보길 원하기 때문에 1유형과 2유형이 비슷해 보일 수 있다. 그러나 1유형과 2유형에게 선함과 책임감은 다른 의미를 가진다. 1유형은 자신이 모든 것을 바르게 하고 실수를 거의 하지 않으면 자신이 '선하고' 따라서 가치 있다고 믿으며, '책임감'

은 약속을 잘 지키고, 일을 잘 하며, 시간 안에 완수하고, 시간을 준수한다는 의미이다. 2유형은 자신이 사려 깊고 배려심이 있으며 이타적이면 선하다고 생각하고, 가치 있다고 믿으며, '책임감'은 다른 사람들이 도움을 필요로 할 때 언제나 손을 내밀며 자신의 삶 속의 사람들을 실망시키지 않는다는 뜻이다.

1유형과 2유형은 많은 부분에서 다르다. 1유형은 명확하게 말하고 의견, 판단, 아이디어를 제시하며 사람과 상황을 평가하고 있음을 보여주는 언어를 사용한다. 예를 들어 1유형은 해야 한다, 할 의무가 있다, 옳다, 틀리다, 적절하다 같은 말을 주로 사용한다. 반대로 2유형은 더 부드러운 어조로 말하며 다른 사람과 관계를 맺고 대화에 끌어들이기 위해 질문을 하며 자주 조언을 제시하고 사람들이 스스로를 중요한 사람으로 느끼게끔 만드는 방식으로 다른 사람에게 초점을 맞춘다. 1유형도 따뜻할 수 있지만, 이들은 2유형처럼 따뜻함과 공감을 지속적으로 하는 경우가 드물다.

1유형과 2유형 사이의 차이를 알 수 있는 뚜렷한 방식은 1유형은 일을 잘 했는지 또는 실수를 했는지 여부를 알아내기 위해 내면을 들여다보는 반면, 2유형은 스스로 바라보는 방식보다 다른 사람이 자신을 어떻게 생각하는지에 더 영향을 받는다. 2유형은 스스로에 대한 가치와 일에 대해 본인의 기준을 세우기보단 남의 눈을 통해 인식한다. 자신이 한 일이나 남에게 준 도움에 관해 다른 사람의 의견을 직접적으로 물어 보진 않지만, 다른 사람의 비언어적 신호와 대인 관계적 행동에 많은 주의를 기울이며 그들의 긍정적이거나 부정적인 반응에 많은 영향을 받는다.

1유형과 3유형

1유형과 3유형은 강한 유사성을 가지고 있다. 이들은 상당히 과업 중심적이며 탁월하고 유능한 사람으로 인식되고자 하는 욕구를 강하게 가지고 있다. 그러나 1유형의 탁월하고자 하는 욕구는 자신의 능력의 최대치로 특정 과업을 이루었다는 내면의 만족감에서 온다. 반면 3유형은 다른 사람이 볼 때 자신이 성공한 것으로 보이려는 욕구에 이끌린다. 즉 1유형은 자신만의 내적 기준에 따라 행동을 평가함으로써 자기존중을 찾지만, 3유형은 외부 요소를 기준점으로 하여 다른 사람의 존중과 감탄을 구한다. 예를 들어 3유형은 중요한 인물이 자신과 자신의 급여, 급여 인상, 그리고 사무실 장식에 어떻게 반응하는지에 주의를 둔다.

1유형과 3유형은 인간관계보다 과업을 강조하고, 자신의 목표에 초점을 맞추며 그에 따라 작업을 해나간다. 그러나 3유형의 경우에는 목표와 그에 따른 조직의 구성이 자신의 '할 일' 목록들 중 하나일 뿐이다. 반면 1유형의 경우에는 자신의 작업을 세부적이고 정교하게 조직하는 것을 좋아하며 작업을 구조화하는 일이 자신에게 즐거움과 만족을 준다. 3유형은 이와 대조적으로 목표에 훨씬 많이 집중하는데, 왜냐하면 목표 성취가 자신이 유능하고 성공적인 느낌을 갖게 하기 때문이다. 그렇기 때문에 이들은 각 목표를 성취하기 위해 생각해낼 수 있는 가장 효율적인 계획을 세운다. 3유형의 계획은 효과적이고 효율적이긴 하지만 1유형의 계획처럼 구조적이거나 체계적이진 않다. 1유형에게는 최종 목표보다 일에 대한 실수가 과업 과정에 있어 중요한 부분이기 때문에 목표의 완수를 미루는 경향이 있는 반면, 3유형은 목표를 향해 가장 빠르고 가장 효율적인 길을 찾길 원하며 실수할 가능성에는 주의를 두지 않는다.

1유형과 3유형의 차이는 각 유형이 생각하는 고품질에서 확실하게 다르게 나타난다. 두 유형 모두 고품질을 지향한다고 말하겠지만, 1유형은 자신이 할 수 있는 일을 최대한의 힘으로 하는 것, 즉 인간의 능력 내에서 최대한 오류나 실수가 없는 것으로 정의한다. 3유형의 높은 품질은 고객 기대를 충족시키는 것으로 정의하며, 따라서 그 기대보다 살짝 높여서 고객이 만족하도록 한다. 그러나 3유형의 시각에서 볼 때_{자기보존 3유형을 제외하고,} 모든 프로젝트와 과업을 필요 이상으로 완벽하게 하는 것은 시간과 자원을 낭비하는 것이기 때문에 이만하면 되었다는 식으로 끝내곤 한다. 1유형의 시각에서는 실수가 있거나 미진한 부분이 있는 것은 고객이 그 사실을 알지 못하거나 그에 대해 관심이 없다 해도 높은 품질로 끝낸 것이 아니다. 1유형에게 이만하면 되었다는 높은 품질을 지칭하는 말이 아니다.

1유형과 4유형

1유형과 4유형은 과업을 진지하게 생각하며 가능한 최선을 다하고 싶어 한다는 점에서 비슷하다. 그러나 1유형은 구조와 과정 그리고 작업 완료의 세부사항에 집중하는 반면, 4유형은 사람과의 관계 그리고 자신만의 창의적 표현에 초점을 맞춘다. 이들은 이상주의적이고 높은 품질의 진가를 알아보지만, 1유형의 경우 자신의 내적 기준에 따라 가능한 완벽하게 만드는 것에 주의를 기울이는 반면, 4유형은 창의성, 진정성, 미학 등 완벽과 관련된 특정한 이상을 가치 있게 여긴다. 또한 두 유형 모두 자신의 판단을 이상에 대한 자기 내면의 감각을 바탕으로 하지만, 4유형은 다른 사람들에게 어떻게 보일지를 1유형보다 의식한다.

두 유형은 자기비판적인 경향이 있지만, 1유형의 내면 비판가는 일을 완벽하게 하는 방법에 대해서 평가 하는 반면에, 4유형은 자신에게 근본적으로 결함이 있다는 깊은 감각을 가지고 있다. 1유형은 문법적 오류와 기준에서 벗어난 것들 그리고 이상에 미치지 못한 것에 주의가 가며 약간의 짜증 외에는 감정적 반응이 적을 수 있다. 그러나 4유형은 주어진 상황 그리고 더 넓은 의미에서 자주 자기 자신 안에서 없는 것에 주목하며 자신이 부재하거나 '충분치 않다고' 보는 것에 대해 감정적 반응을 가질 수 있다.

1유형과 4유형의 차이점은 다음과 같다. 4유형은 타인에게 관심을 기울이고, 감정적 상호작용이 어떠한지와 주변의 사람과 연결을 느끼는지 혹은 느끼지 못하는지에 많은 주의를 기울인다. 그에 비해 1유형은 관계의 구조나 공통적으로 공유하는 과업에 집중하는 경향이 있다. 1유형은 만사를 흑백으로 나누는 경향이 있으며 과업을 이루기 위한 올바른 방식이 있다고 생각하는 반면, 4유형은 창의성과 자기표현을 위한 공간이 많기 때문에 프로젝트를 처리할 때 여러 방식을 사용한다. 두 유형 모두 일을 진행할 때, 결과물이 높은 수준이길 바라며, 완벽주의자 경향이 강하다. 1유형은 규칙과 구조를 따르고 본인들의 기준에 따라 최대한 좋게 만드는 것을 우선순위에 두는 반면, 4유형은 창의적이고 진실한 자기표현, 그리고 예술적인 기준에 따라 사람들이 자신을 특별하고 독특하게 보는지의 여부에 초점을 맞춘다.

1유형과 4유형은 감정적 측면에서도 다르다. 1유형은 내성적으로 보일 수 있으며, 다른 사람들이 규칙을 따르지 않거나 자신의 기대만큼 수행하지 않을 때 불편해하거나 초조해한다. 반면 4유형은 다양하고 돌출된 기분을 보이며, 타인의 감정에 깊게 공감하고, 사람마다 다양한 범위의 감정과 생각을 가지고 있음을 이해한다. 4유형은 다른 사람과 소통할 때 극적이고 감정적으로 표현하는 반면, 1유형은 통제적이고 직설적이며 간결하고 정확하다.

1유형과 5유형

1유형과 5유형도 유사한 부분이 있다. 이들은 내성적이며, 논리적이고, 과업 중심적이며, 진지해보이고, 때로 움츠러들어 보인다. 두 유형 모두 지적이고 아는 것이 많아 보이며 객관적 분석에 탁월하며 독립, 자립, 자급자족에 가치를 두지만 5유형은 프라이버시가 필요하다. 또한 두 유형 다 지식을 추구하지만 이유가 다른데 5유형은 아는 것이 힘이라고 믿기 때문이고, 1유형은 지식이 있어야 일을 할 때 능숙하고 올바르게 할 수 있기 때문이다.

1유형은 책임감으로 인해 객관적으로 행동하고 생각하려 하며, 그렇게 행동하는 것이 옳은 일이고 결과적으론 실수를 막을 수 있을 거라 여긴다. 5유형은 사물에 대해 깊이 생각하고, 상황을 분석할 때 감정을 배제하기에 천성적으로 객관적이다. 둘 다 자신을 위한 경계선과 필요를 이해하며 근면하고 실용적이지만, 1유형은 규칙에 기반하고, 5유형은 규칙에 의지하기보다 단순성과 자원의 보존을 가치 있게 여긴다. 이들은 자신이나 다른 사람의 작업을 판단할 때 자기만의 내적 기준을 적용한다.

1유형과 5유형은 같은 특징을 공유하지만, 두 유형에는 근본적인 차이가 있다. 5유형도 자기비판적일 수 있지만, 1유형이 더 심하다. 1유형은 내면의 비평가가 자신이 행동하고 말하는 것을 언제나 평가하고 있어서 비판적인 경향이 강하다. 또한 두 유형 모두 감정의 공유를 불편해하고 자신의 감정을 자제하는 경향이 있지만, 1유형이 보다 자주 감정을 표출한다.

1유형은 다른 사람들이 규칙을 따르지 않거나 자신이 생각하는 올바른 방식으로 하지 않았을 때 공공연히 분노하거나 짜증을 낸다. 반면 5유형은 스트레스를 받을 때에도 침착하고 냉정함을 잃지 않는 태도를 유지한다. 또한 1유형은 분노를 자주 경험하는 경향이 있으며, 감정을 억누르려고 노력해도 분노가 짜증, 약 오름, 좌절감의 형태로 나타나며 특히 자신이 생각하는 대로 사람들이 수행하지 않을 때 더욱 그렇다. 5유형의 경우 자신의 생각, 특히 자신의 감정을 혼자 간직할 가능성이 크다. 이들은 자동적으로 자신의 감정과 거리를 두며, 감정을 다른 사람들, 특히 직장 같은 곳에서 공유하는 일은 매우 드물다.

1유형과 6유형

1유형과 6유형은 분석적 사고에 탁월하며, 무언가가 잘못될까봐 걱정하는 공통적인 특성들을 공유한다. 1유형은 실수할까봐 불안해하고, 6유형은 삶에서 무언가가 잘못되지 않을까 하는 보편적인 불안을 잠재적으로 지니고 있다. 자신의 걱정에 대처하는 행동으로 1유형은 완벽하고 실수를 하지 않으려고 노력하며, 6유형은 최악의 경우를 상상하고 최악의 시나리오를 떠올린다. 두 유형 다 성공을 불편해하며, 과업을 달성하고 성공을 향해 나아가는 것에 어려움을 겪는다. 1유형은 무언가가 완벽하지 않다고 믿고 끊임없이 스스로를 비판하기 때문에, 6유형은 성공하면 자신이 표적이 될 것이라고 믿기 때문에 스스로를 의심하고 의문을 제기한다. 한편, 이들은 자신이 지지하는 사회적 대의명분을 위한 활동가가 되는 경향이 있는데, 1유형은 세상을 나은 곳으로 만드는 일에 책임감을 느끼기 때문이며, 6유형은 약자의 대의명분에 동일시가 되며 부당한 방식으로 사람들에게 권력을 휘두르는 권위적 인물에게 민감하기 때문이다.

1유형과 6유형 또한 특정 방면이 다르다. 1유형은 자기만의 기준에 근거하여 실수하고 잘못될까봐 두려워하는 반면, 6유형은 위험과 온갖 종류의 외적 위협을 걱정한다. 1유형은 자기비판적이며 다른 사람을 판단하는 경향이 있고, 6유형은 스스로와 다른 사람을 의심한다. 자기비판, 자기의심과 관련해서 1유형은 완벽하려고 시도를 하지만 필연적으로 실패하며, 6유형은 확실성을 찾으려고 시도하나 실패하고 자신이 신뢰하는 특정 권위에서 확실함을 찾는다.

1유형과 6유형 사이의 특히 뚜렷한 대조는 1유형은 권위에 순종하는 경향이 있는 반면, 6유형은 권위에 대해 의혹을 가지고 심지어 거기에 저항하는 경향이 있다는 점이다. 1유형은 규칙을 따르는 반면, 대부분의 6유형은 거기에 의문을 제기한다 여기에서 한 가지 예외는 사회적 6유형으로 이들은 외부 권위를 고수하며 그 권위가 제시하는 규칙을 엄격히 따를 수 있다. 두 유형 모두 자신의 일을 미룰 수 있지만, 그 이유는 다르다. 1유형은 실수할까봐 두려워하기 때문에 자신이 하는 일을 완벽하게 만들기 위해 더 많은 시간을 원한다. 6유형은 지속적인 의심과 의문이 앞으로 나아가는 것을 어렵게 만든다.

사람들과 관계를 맺는 면에서는 일반적으로 1유형은 사람을 신뢰하고 타인이 규칙을 깨거나 어떤 종류의 나쁜 행동을 하지 않는다면 믿어준다. 반면 6유형은 사람을 충분히 관찰해서 신뢰해도 좋다고 만족감을 느낄 때까지 사람을 믿지 않는다. 상대가 자신의 신뢰를 획득한 후에는 충실하고 강한 지지를 보낸다.

1유형과 7유형

1유형과 7유형은 유사점이 꽤 많다. 이들은 고품질을 지향하는데, 1유형은 일에서 완벽한 기준에 이르도록 관심을 나타내며, 7유형은 특히 유흥 면에서 최고를 경험하고자 한다. 두 유형은 이상주의적이고 비전을 제시하는데 1유형은 무언가가 완벽하길 원하며 본인이 생각하는 이상점에 도달하기 위해 열심히 일한다. 7유형은 극도로 낙관적이고 긍정적이며 미래의 가능성에 대해 생각하는데, 이는 부정적 감정과 현실을 부정하는 방식이다. 두 유형 모두 큰 에너지를 가지고 있는데 1유형은 자신이 하는 모든 일에 근면하게 임하며, 7유형은 자신의 관심을 끄는 활동에 전념한다. 이들은 완벽을 추구하는데, 1유형은 일반적으로 무슨 일이 있더라도 완벽에 주의를 두는 반면 7유형은 너무 힘들어지면 올바르게 하려는 수고를 포기할 수도 있다. 둘 다 지적이고 분석적이며, 문제를 해결하는 것을 좋아한다. 마지막으로 1유형과 7유형은 비판에 민감하지만, 1유형이 7유형보다 더 예민하다.

1유형과 7유형 사이의 큰 차이는 1유형은 일이 놀이보다 우선시 되는 반면, 7유형은 휴일을 계획하고 즐거운 활동에 참여하는 것을 더 우선한다. 7유형이 즐거움을 우선순위에 두지만 일이 중요하지 않다는 뜻은 아니다. 이들은 일을 책임이 아니라 즐길 수 있는 활동으로 만듦으로써 자신의 업무에 접근한다. 1유형은 이상주의자이지만, 무언가를 개선시킬 때 낙관적인 전망이 어려운 반면, 7유형은 굉장히 낙관적이다. 1유형은 구조화된 것을 좋아하고 정해진 제한선 안에서 일할 수 있는 반면, 7유형은 제약을 싫어하기 때문에 조직적 구조의 제한을 힘들어한다. 예를 들어 7유형은 계층 구조 안에서 편안하지 않으며 권위를 대등하게 대하는 경향이 있는 반면, 1유형은 권위가 규정한 구조를 인정하고 좋아한다. 더불어 1유형은 프로젝트와 과업의 세부사항들을 다루는 일에 우수한 반면, 7유형은 이런 종류의 일을 지루하게 생각한다. 1유형은 자연스럽게 바로잡아야 하는 오류에 주의를 기울이기 때문에 7유형에게는 부정적인 면에 너무 초점을 맞추는 것으로 보일 수 있다. 7유형은 언제나 사물의 긍정적 측면에 초점을 두길 원한다.

대인관계에서 1유형은 때로 비판적이거나 융통성 없을 수 있지만, 이들은 자기개선에 힘쓰며 다른 사람들의 피드백에 귀를 기울이고 관계 개선을 노력 한다. 반면 7유형은 관계에 긍정적 에너지와 재미를 가져다주지만, 어려움을 다루어야 할 때와 다른 사람들과 협력하여 해결해야 할 일을 어렵게 느끼며 힘들어 할 수 있다.

1유형과 8유형

1유형과 8유형 사이에도 비슷한 점이 있다. 두 유형 모두 에너지가 크고 열심히 일하는 유형이며, 통제하고 질서 세우기 좋아하며 '흑백' 또는 '양자택일' 사고방식을 보인다. 화를 잘 내는 경향이 있지만, 다른 방식으로 분노를 느끼고 표출한다. 분노를 내는 것을 잘못이라고 믿는 1유형은 자신의 분노를 억제하지만 철저하게 입을 다무는 일이 어렵기 때문에 분개, 초조, 짜증, 수동공격적 행동으로 새어나온다. 반면 8유형은 분노를 쉽게 느끼고 표현하며 화를 내는 것이 잘못이라고 생각하지 않는다. 1유형은 다른 사람이 규칙을 깨거나 나쁜 행위를 행할 때 화를 내고, 8유형은 광범위한 이유로 화를 낸다.

이들은 통제하길 좋아하지만, 다른 방식으로 통제한다. 1유형은 규칙과 구조와 기준에 의지하며, 8유형은 직접적 방식으로 힘을 발휘한다. 두 유형은 정의와 공정성에 관심이 있으며 자신이 믿는 명분을 지지하기 위해 열심히 일할 수 있고 과로

하면서 자신의 필요를 무시할 수 있다.

　1유형과 8유형 사이의 큰 차이점이 여럿 있는데, 8유형은 큰 그림을 생각하고 높은 자리의 일을 좋아하며 세부사항들을 다뤄야 하는 일은 싫어하는 반면, 1유형은 세부적인 일을 잘하고 좋아한다. 과업에 임할 때 1유형은 완벽하게 하는 데 주의를 많이 두며, 최고의 결과물을 위해 고통을 감수하는 반면, 8유형은 '이만하면 충분하다'로 만족할 수 있다. 8유형은 자신의 충동대로 움직이는 경향이 있고 과도할 수 있으며 억제 당하는 것을 싫어하는 반면, 1유형은 마음대로 하는 것보다 바른 행동에 훨씬 초점을 맞추기에 자신의 충동을 지나치게 통제하고 즐거운 활동을 미룬다. 8유형은 관습을 거스르는 것을 개의치 않거나 좋아할 수 있다는 점에서 '사회성 부족'일 수 있는 반면, 1유형은 '사회성 과잉'이며 언제나 사회적 관습을 준수한다.

　내적으로 1유형은 극도로 자기비판적인 반면, 8유형은 자기비판성이 옅다. 또한 8유형은 신속하게 행동을 취하고 1유형보다 힘과 자신의 의지를 발휘하는 것을 자유롭게 느끼며 상황을 과잉분석하거나 자신의 의도나 행동에 대해 비판적 생각을 품지 않는다. 1유형은 자신이 실수했다고 생각하면 곧바로 사과하며 이들은 사과를 가치 있게 여긴다. 그러나 8유형은 자신이 하는 일에 대해 사과해야 한다고 잘 느끼지 못한다. 또한 1유형은 일반적으로 권위 인물을 따르고 순종하는 반면, 8유형은 지시받기를 좋아하지 않으며 원하거나 필요하면 권위에 저항할 수 있다. 다른 사람과 소통할 때 1유형은 예의 바르고 점잖은 성향이 있으며 '해야 한다' '할 의무가 있다' '반드시' 같은 말을 사용하는 반면, 8유형은 직설적이며 무뚝뚝하고 위협적이며 심지어 불손할 수 있다.

1유형과 9유형

1유형과 9유형은 몇 가지 특징들을 공유한다. 두 유형 모두 직장 환경의 구조와 과정의 가치를 이해하고 있다. 이들은 훌륭한 중재자인데, 9유형은 사안의 여러 측면들을 쉽게 볼 수 있고 조화를 이루고자 하기 때문이고, 1유형은 공정함의 기준을 가지고 있으며 객관적이고 식별력 있는 판사가 될 수 있기 때문이다. 또한 자신의 필요와 욕구를 알아차리고 주장하길 어려워하며, 완벽을 추구하는 성향이 있다. 기존 권위 구조 안에서 일을 잘 할 수 있으며 존중하지만, 다만 일반적으로 1유형이 9유형보다 완벽주의이며, 9유형은 통제받는다고 느끼면 때로 미묘하고 수동적인 방식으로 저항한다.

당연히 1유형과 9유형 사이에 많은 차이가 있다. 1유형은 의견이 강한 경향이 있으며, 종종 자신이 유일하게 옳은 방식을 알고 있다고 믿는다. 9유형은 다른 사람들의 다양한 시각들에 조율되어 있기에 자연히 자신만의 의견을 찾는 데에 어려움을 겪는다. 9유형은 입장을 주장하지 않지만, 1유형은 자신의 입장이 유일하게 올바른 시각이라고 가정한다. 이렇기 때문에 1유형은 흑백의 측면에서 생각하는 경향이 있으며 '한 가지 올바른 방식'이 있다고 믿는 반면, 9유형은 회색의 여러 그림자들을 본다. 두 유형 모두 갈등을 피하길 원하지만, 9유형이 1유형보다 그런 성향이 더 강하며, 1유형은 강한 느낌을 받을 때는 논쟁에 참여하고 싶어 한다. 1유형은 자신의 방식으로 일하길 좋아하며, 9유형은 다른 사람에게 쉽게 맞춰주고, 자신의 의제를 주장하기보다 다른 사람의 것을 따르는 편을 선호한다. 과업을 완수할 때 1유형은 이상에 대한 자신만의 내적 기준에 의거하여 완벽하게 만들기 위해 많은 노력을 기울이는 반면, 9유형은 다른 사람들이 생각하고 원하는 것에 치중되어 있다. 1유형은 일을 하는 올바른 방식에 대해 명확한 비전을 가지고 있는 반면,

9유형은 의견일치를 구하며, 결정의 기준에 대해 다른 사람들의 생각을 듣길 원한다. 1유형은 규칙을 잘 준수하며 규칙을 따르지 않는 사람들에게 맞서겠지만, 반면 9유형은 훨씬 느긋하며 지침을 따르지 않는 사람들에게 맞설 가능성이 낮다.

2유형과 3유형

2유형과 3유형은 매우 닮았다. 이들은 자신의 이미지와 보이는 방식을 다른 사람의 기분에 맞추거나 관심을 끌기 위해 관리하며, 활동적 에너지가 있는 유능한 행동가들이다. 이들은 다른 사람들이 가치 있게 여기는 것에 맞는 인상을 주려고 많은 주의를 기울이지만, 2유형은 타인의 필요를 채워주는 것과 친근하고 호감을 주며, 협조하는 것에 초점을 맞추는 반면, 3유형은 다른 사람의 감탄과 존중을 얻기 위해 목표를 성취하고 성공을 하는 것에 초점을 맞춘다.

많은 일을 성취하고 싶어 하지만 2유형은 관계 중심적이고 3유형은 과업 중심적이다. 타인에게 인정받길 원하지만, 3유형의 동기는 목표에 도달했을 때 얻는 성취감과 성공적으로 보일 때에 오는 만족감인 반면, 2유형은 타인에게 애정을 받는 것과 중요한 사람으로 여겨지는 것이다. 이들 모두 진짜 자신의 모습을 헷갈릴 수 있다. 다른 사람에게 인상을 남기기 위한 이미지에 많은 에너지가 들어가기 때문에 자신에 대한 명확한 감각을 갖기 어려울 수 있다. 그렇기 때문에 자신의 감정을 피하는 경향이 있는데 3유형은 감정이 활동에 방해될 수 있기 때문에, 2유형은 다른 사람들과 긍정적인 연결을 형성하는 데에 방해될 수 있기 때문이다.

공통된 특징이 꽤 많음에도 2유형과 3유형 사이에 크게 다른 점도 있다. 이들이 자신의 감정을 억압하거나 마비시키지만, 2유형은 이것이 덜하며 3유형보다 많은 감정을 느끼고 표현한다. 3유형이 매우 경쟁적이고 이기는 일이 중요하다고 보는 반면, 2유형은 경쟁을 지양하며 최고가 되는 것보다 사람들과 손을 잡는 것을 중요하게 여긴다. 또한 2유형은 자신도 인식하지 못한 필요가 충족되지 않았을 때 화를 내지만, 3유형은 누군가가 자신과 자신의 목표 사이에 장애물을 놓을 때 분노가 생긴다.

3유형의 최우선은 일이기에 일중독자가 될 가능성이 높다. 2유형도 열심히 할 수 있지만, 관계와 즐거움에 우선순위를 둔다. 3유형은 목표와 실적에 관심을 기울이기 때문에 효율성과 목표에 도달하기 위한 일에 집중할 수 있다. 반면 2유형은 다른 사람들이 자신을 필요 하는 것이 우선순위가 되기 때문에 다른 사람의 목표나 더 큰 그룹의 목표에 자신의 의제를 맞춘다. 3유형이 목표에 집중할 때 타인의 말에 귀를 기울이기 어렵지만, 2유형은 최우선 순위를 다른 사람에게 맞추기 때문에 심지어 자기 자신과의 연결을 잃더라도 친구, 동료, 중요한 사람들에게 공감하며 함께하는 경향이 있다.

목표에 레이저처럼 집중할 수 있는 3유형과 달리, 2유형은 다른 사람의 필요를 충족시키거나 그들을 지원하기 위해 자신의 목표를 버릴 수 있다. 이들은 가장 회피하는 것에서 서로 다름을 보인다. 2유형은 거부를 피하고자 다른 사람과의 긍정적 연결을 형성하기 위해 보이지 않는 곳에서 열심히 일한다. 3유형은 실패를 피하기 위해 자신의 일과 다른 목표 지향적 활동들을 구조화한다. 이 때문에 2유형은 3유형보다 간접적이고 자기주장이 약하며, 3유형은 이기고 싶어 하며 배움의 경험으로써 실패를 재구성할 수 있다.

2유형과 4유형

　2유형과 4유형에게는 공통적인 특징들이 몇 가지 있다. 이들은 대외적인 모습을 강하게 의식하고 남의 시선에 관심을 기울이지만, 2유형은 호감을 주고 친근해 보이길 원하는 반면 4유형은 특별하고 독특해 보이는 것을 선호한다. 두 유형은 자신이 타인의 사랑을 받을 만큼 충분히 좋은 사람이 아니라고 여긴다. 이들은 다른 사람들이 자신을 어떻게 판단하는지 민감하게 느끼는데 그 때문에 자기비판적이 되기 쉽다.

　자신의 감정을 쉽게 느낄 수 있지만, 2유형은 종종 자신의 감정을 억압하며 내적 경험과 만나지 않는 반면 4유형은 감정을 부풀리거나 과하게 동일시하거나 다른 감정들을 회피하기 위해 극단적으로 일부 감정에 머무를 수 있다. 대인관계 측면에서는 관계에 관심을 쏟으며 다른 사람들과의 관계 형성을 우선순위에서 높게 둔다. 두 유형의 사람들은 강한 공감 능력을 가지고 있으며, 일반적으로 이러한 공감 능력을 바탕으로 관계를 형성하는 데에 능숙하다.

　2유형과 4유형은 여러 측면에서 다르다. 다른 사람과의 프로젝트 작업을 할 때 2유형은 낙관적이고 긍정적이며 지지적인 성향이 있는 반면, 4유형은 자신이 가지고 있지 않은 부분에 초점을 맞춘다. 2유형은 다른 사람의 필요를 충족시키는 것을 통해 도움이 되고 싶어 하기에 관심이 그들에게 너무나 집중되어 있어서 자신의 필요를 방치한다. 4유형은 자신의 필요와 욕구를 잘 인지하며 타인보다 자신의 욕구에 우선순위를 둔다. 2유형은 자신보다 다른 사람에게 집중하며, 이는 자신의 감정과 필요보다 그들의 느낌과 필요에 더욱 관심을 기울인다는 뜻이다. 4유형은 자기참조이고 자기 자신과 자신의 내적 경험에 관심을 집중시킨다. 다른 사람과 상호작용할 때 2유형은 사람들이 좋아해주는 것에 높은 가치를 두기에 그들이 자신에게 바라는 모습에 더 맞추는 반면, 4유형은 진정성을 가치 있게 여기므로 타인의 기분을 맞추기 위해 바꾸지 않는다. 2유형은 갈등이 사람들과의 소중한 관계를 망칠 수 있다고 두려워하기에 갈등을 피하는 경향이 있지만 4유형은 필요할 때는 갈등에 뛰어들 수 있으며, 타인에게 맞추고 분노를 회피하는 것보다 솔직한 감정과 필요를 표현하는 것이 더 중요하다고 여긴다. 전반적으로 2유형은 분위기와 감정적 표현이 낙관적이고 상당히 긍정적인 반면, 4유형은 우울과 슬픔 속에 머문다.

2유형과 5유형

2유형과 5유형은 어떤 방식에서 반대되는 점이 있지만 공유하는 특징도 있다. 이들은 취약하다 생각될 때 움츠러들지만, 5유형은 2유형보다 이 전략을 더 자주 그리고 여러 상황에서 사용하며, 자기보존 2유형이 다른 2유형 하위유형들보다 더욱 그렇다. 혼자만의 시간을 원하지만, 5유형의 경우 훨씬 잦다. 2유형은 내면 작업의 일부로서 혼자 지내는 능력을 키워야 할 필요가 있는 반면, 5유형은 보통 다른 사람들과 시간을 보내는 능력을 키워야 한다. 2유형이 혼자만의 시간이 필요한 순간은 사람들과 시간을 보낸 후에 또는 내면 작업을 통해서 그들에게 관심을 기울이느라 자신의 경험을 방치했음을 깨달았을 때이다. 독립에 가치를 두지만, 5유형의 경우 독립 자체가 삶의 방식에 가깝고, 2유형의 독립은 자신의 자기존중을 지지하기 위해 다른 사람의 인정에 의지하므로 그들에게 의존하는 느낌에 대항하여 무의식적 방어이다.

2유형과 5유형의 차이점은 상당한 편인데, 2유형은 자신의 감정을 자주 느끼지만 5유형은 감정에 거리를 두는 습관이 있다. 이 때문에 5유형은 매우 내성적이고 감정을 드러내지 않으며 분석적으로 보일 수 있는 반면 2유형은 감정적으로 보이고 상황에 더 감정적으로 반응하는 경향이 있다. 이와 마찬가지로 5유형은 2유형의 직관적이고 감정 기반인 접근과 반대로 과업 및 토의에 훨씬 객관적이고 지적으로 접근하는 방식을 갖는다.

2유형은 사람들과 어울리는 것을 좋아하며, 다른 사람과 가까운 관계를 적극적으로 추구하는 반면, 5유형은 자신의 프라이버시, 사적 공간, 혼자만의 시간을 상당히 소중히 여기며 관계에 거리를 둔다. 이와 관련해서 2유형은 다른 사람의 감정과 필요에 관심을 집중시키는 반면, 5유형은 타인의 감정과 감정적 필요에 지나치게 엮이는 것을 고의적으로 회피한다. 5유형은 사람들과 많이 상호작용하면 에너지와 자원이 쉽게 고갈된다고 믿지만, 2유형은 자신에게 중요한 가까운 사람들과 연결됨으로써 에너지와 확신을 얻고 타인에게 관대하게 베푸는 경향이 있으며, 너무 과하게 줄 수도 있다. 반면 5유형은 일반적으로 보류하는 성향이 강하며 자신을 위해 필요한 시간과 에너지를 사람들이 뺏을 것이라 생각한다.

그리고 2유형은 자신과 다른 사람 사이에 적절한 경계선을 만드는 것을 어려워하지만, 5유형은 다른 사람과의 사이에 확고한 경계선을 확립하는 것을 중요시 한다. 예를 들어 2유형은 자신이 힘들 때도 부탁을 거절하기 어려워하는 반면, 5유형은 상대방의 필요를 충족시켜주고 싶지 않은 경우 손쉽게 거절할 수 있다. 2유형은 자신이 다른 사람에게 시간과 에너지를 쏟을 수 있는 활력 찬 사람이라고 여기는 반면 5유형은 기력이 부족한 느낌을 갖기 때문에 자신의 에너지를 자신만을 위해 사용한다.

2유형과 6유형

2유형과 6유형은 상당히 닮았다. 이들은 걱정과 두려움이 강하지만, 원천이 다르다. 2유형은 타인이 자신을 긍정적인 시각으로 볼 것인지 여부, 거부당할 가능성, 자신에게 중요한 특정 사람들의 안전을 더 걱정하는 반면, 6유형은 전반적인 안전, 나쁜 일이 일어나는 것, 문제가 발생하는 것을 걱정한다. 이들은 사람들의 마음을 읽는 일을 잘하지만, 다른 이유를 가지고 있다. 다른 사람에게 관심을 보일 때 2유형은 사람들과 연결되고 친밀한 관계를 형성하기 위해 다른 사람들의 기분과 필요를 알아내려고 하는 반면, 6유형은 잠재적인 위협들이나 신뢰할 만한가의 여부 등 숨은 의제와 이면의 동기를 찾는다. 사람들과 일반적으로 관계를 맺을 때 2유형은 자신의 이미지를 사람들의 기분에 맞추거나 동조하기 위해 의식적으로 관리하는 성향이 있는 반면, 6유형은 자신의 이미지와 사람들이 자신을 어떻게 볼 지를 그다지 고려하지 않는다. 또한 2유형은 사람들의 주목과 인정받고 싶어 하지만, 6유형은 사람을 만나면 자신의 연약함을 느끼곤 하기 때문에 오히려 숨는 경향이 있다.

두 유형 모두 잘못될 일을 걱정하고 일이 잘 되도록 열심히 일할 수 있다. 2유형은 다른 사람을 기쁘게 하고 유능하며 매력적으로 보이고 싶어 하기 때문이고 6유형은 훌륭한 문제해결자이며 문제가 일어나기 전에 예측하길 원하기 때문이다. 이들은 결정을 내려야 할 때는 어려움을 겪는다. 2유형은 자신이 필요로 하는 것이나 원하는 것을 잘 알지 못하기 때문에 선택하는 일을 힘들어 하고 타인에게 지나친 주의를 두어서 자기 자신의 선호사항에는 낯설어할 수 있다. 6유형의 경우 자신을 끊임없이 의심하고 잠재적 선택에 대해 의문을 제기하기 때문에 결정하는 것 자체가 도전이다. 그리고 잘못된 것을 선택할까봐 두려워하고 그로 인해 일어날 수 있는 부정적 결과들을 상상한다.

2유형과 6유형은 다른 면이 있다. 2유형은 권위 인물과 좋은 관계를 형성하고 싶어 하는 반면, 6유형은 보통 권위 인물을 향해 의혹을 갖거나 저항한다. 2유형은 권위 인물이나 다른 중요 인물들이 자신을 좋아해주길 원하기 때문에 의심하기보다는 가능하다면 권위 인물과 긍정적 관계를 맺기 위해 계획된 행동을 한다. 6유형은 최악의 상황을 상상하며 최악의 시나리오에 잘 빠진다. 2유형은 보통 낙관적이며, 때로 사람들이 자신을 좋아하지 않는다고 상상할 수도 있지만 일반적으로 최악의 경우는 생각하지 않는다. 이들의 차이점은 각 유형이 갈등을 대하는 방식에 있다. 2유형은 가능하면 대부분 갈등을 피하고 싶어 하는 반면 6유형, 특히 공포대항 6유형은 때로 갈등을 향해 나아가며, 권력을 함부로 사용한다고 생각되는 권위 인물에 도전하고자 할 때 더욱 그렇다.

2유형과 자기보존 6유형 사이에 유사점이 있다. 2유형과 자기보존 6유형 모두 따뜻하고 우정에 상당한 에너지를 쏟는다. 즉 공격성을 보이는 것을 피하려고 한다 그러나 방어적으로 행동할 때 두 유형 모두 공격적으로 나올 수 있다. 2유형은 사람들이 자신을 좋아해 주길 바라고 확인받고 싶은 욕구가 있기에 친구의 관심을 끌려고 하는데, 이러한 상황이 잘 지내고 있다는 느낌을 주기 때문이다. 자기보존 6유형도 타인과 관계를 맺고 싶어 하는데, 이는 외부 위협에 대항하여 자신을 지켜줄 동맹 역할을 할 우호적인 사람이 필요하기 때문이다. 2유형에게 우정의 동기는 누군가 자신을 좋아해 주길 원하고 자신이 없어서는 안 될 사람으로 보이고 싶은 마음이다. 그렇게 할 때 이들이 타인의 필요를 충족시켜주는 것과 같은 방식으로 자신의 필요를 충족시켜줄 친구를 갖게 된다. 반면 6유형은 공격이나 다른 종류의 위험에 대항할 수 있는 안전에 대한 강력한 욕구를 갖는다.

2유형과 7유형

2유형과 7유형은 비슷해 보일 수 있다. 이들은 낙관적이고 에너지가 많으며 재미를 추구한다. 긍정적이고 낙관적인 성향이 있는데, 2유형은 타인이 자신을 좋아하길 원하고 사람들이 행복한 사람을 좋아한다는 사실을 알기 때문에, 7유형은 '부정적인' 감정이 위협적이고 불안을 유발시키므로 슬프지 않고 행복하고 싶기 때문이다. 쾌락주의적 기질이 있어서 둘 다 휴식과 여가 시간을 보내며 즐거움을 느끼지만, 이들의 쾌락 추구의 목적은 다르다.

2유형은 욕구 박탈로 인해 감정에 반응하도록 자극하는 방법으로 인간관계를 구축하고 사람들과 즐기는 긍정적 경험을 갖길 원한다. 7유형은 불편함, 고통, 불안 같은 감정들을 포함하여 부정적인 경험들을 피하는 방어 방법으로 즐거움을 추구하는 습관을 갖는다. 이들은 다른 사람들과 관계 맺는 것을 좋아하며 자신이 좋아하는 사람을 이상화할 수 있다. 2유형은 다른 사람들로부터 자신에 대한 호감을 확인받고 싶어 하기 때문에 그리고 7유형은 흥미로운 사람들과 어울리는 데에서 오는 자극을 좋아하기 때문이다.

2유형과 7유형 사이에도 큰 차이가 있다. 2유형은 타인에게 주의를 기울이면서 긍정적 연결을 형성하기 위해 사람들과 동조하는 방식으로 그들의 기분과 필요에 집중한다. 그러나 7유형은 자신의 필요와 원하는 것에 초점을 맞추면서 부정적인 경험으로부터 눈을 돌리거나 스스로에게 주의를 분산시키는 방법으로 자신의 욕구 충족을 추구한다. 또한 2유형은 다른 사람에게 자신을 맞추고 그 사람과의 유대를 강화하기 위해 자신의 필요를 돌보지 않는 반면, 7유형은 타인을 기쁘게 하기 위해 자신이 필요로 하는 것을 포기하는 경우가 거의 없으며 자신이 원하는 것을 한다_{사회}

적 7유형은 예외다. 다른 사람과의 관계에서 2유형은 사람들이 자신에게 바란다고 생각하는 모습이 됨으로써 이미지를 적극적으로 관리하는 반면, 7유형은 대인관계 상호작용에서 자신의 이미지에 초점을 맞추지 않는다. 근본적으로 2유형의 동기는 사람들을 기쁘게 하는 것이고, 7유형은 자신을 기쁘게 하는 것이다.

2유형은 감정 중심적이며 자신의 감정과 접촉을 자주 갖는 반면, 7유형은 사고 중심적이다. 과업을 완수할 때 2유형은 집중하는 일이 쉬우며, 특히 자신이 하는 일을 어떤 식으로든 사람들이 보고 있고 평가하고 있을 때 그렇다. 반면 7유형은 집중을 어려워하며, 과업이 단조롭거나 지루할 때 더 그렇다. 2유형은 선택이 많으면 결정 내리기 어려워하기 때문에 더 많은 선택을 원하지는 않고 자신이 필요로 하는 것을 오히려 모를 때가 많다. 반면, 7유형은 선택 할 수 있는 옵션이 많이 있는 것을 좋아하며 그렇지 않은 경우 제약을 받는다고 여긴다.

사회적 7유형은 2유형처럼 보일 수 있는데, 이들이 다른 사람에게 봉사하는 것을 지향하고 사람 중심이라는 공통점에 더하여 그룹의 필요를 위해 자신의 욕구를 희생하기 때문이다. 그룹과 다른 사람들이 필요로 하는 것이 무엇일지를 의식하는 이 습관이 사회적 7유형을 친근하고 외향적이며 너그러운 2유형처럼 보이게 할 수 있다. 그러나 이들이 다른 7유형에 비해 더 많이 베풀거나 자신의 이익을 희생하는 성향임에도 불구하고 자신의 필요와 욕구를 잘 알며 부정적인 감정을 피하는 경향이 있다는 점에서 2유형과 구별할 수 있다.

2유형과 8유형

이 유형들은 매우 다름에도 불구하고, 어느 정도 공통점이 있다. 특히 사회적 2유형은 8유형처럼 보일 수 있고, 사회적 8유형이 2유형처럼 보일 수 있다. 이들은 다른 사람을 보호하는 성향이 있으며, 2유형의 경우는 중요한 사람들에 대해, 그리고 8유형의 경우에는 더 약하거나 취약한 사람들에게 그렇다.

충동적이고 제멋대로이며 쾌락주의적일 수 있는데, 2유형은 자신이 무엇을 필요로 하는지 알지 못하는 것^{따라서 박탈감을 느낄 수 있다}에 대한 과잉보상으로, 그리고 8유형은 생각하지 않고 빠르게 행동을 취하며, 자신의 욕구가 억제 당하는 것을 좋아하지 않기 때문에 그렇다. 이들은 자신이 하는 일을 과도하게 하며, 먹는 것, 일하는 것, 베푸는 것을 좋아할 수 있다. 2유형은 자신이 필요로 하는 것을 정확히 알지 못하기 때문에, 8유형은 욕구와 큰 에너지를 가지고 있고 제한된 감정을 좋아하지 않기 때문에 과도해질 수 있다.

또한 2유형은 자신을 돌보지 않고 자신의 욕구를 희생하여 다른 사람의 필요에 집중하는 경향이 있으며, 8유형은 습관적으로 일할 때 자신의 필요와 한계를 망각하는 경향이 있다. 두 유형은 통제하는 것을 좋아하는데, 2유형은 유능해 보이고 사람들에게 인상을 남길 것이라고 생각하는 특정한 방식으로 일하고 싶어 하기 때문이고, 8유형은 큰 그림을 보고 질서를 세우며 일을 추진시키고 자신의 필요를 충족시키길 원하기 때문이다.

2유형과 8유형 사이에는 여러 차이들이 있다. 2유형은 자신의 이미지와 사람들이 자신을 어떻게 인식하는지에 주의를 기울이는 반면 8유형은 타인이 자신을 어떻게 생각하는지 개의치 않는다. 2유형은 어쩌다가 사람들에 맞서고 갈등에 개입할 수 있지만, 이들은 연결을 유지하고 싶은 사람에게 소외감을 느끼는 것이 두렵기에 분노를 억압하고 갈등을 피한다. 그러나 대부분의 8유형은 비교적 쉽게 분노를 느끼고 표현하며, 비록 갈등을 좋아하지 않더라도 필요하다면 갈등 상황에서 맞선다. 2유형은 주로 사람들이 필요로 하는 것과 어떻게 느끼는지에 주의를 기울이며, 그들이 얼마나 힘을 가지고 있는 지는 관심을 두지 않는다. 반면 8유형의 관심은 전형적인 힘과 통제 그리고 그것을 가진 사람과 그들이 그것을 어떻게 사용하는지에 맞춰진다. 언제나 리더가 되어야 하는 것은 아니지만 쉽게 그 역할을 맡을 수 있으며, 특히 그 자리가 비었을 때 그렇다.

2유형도 좋은 리더가 될 수 있긴 하지만, 이들은 그 아래에서 지원하는 자리, 즉 리더의 오른팔이나 왕좌 뒤의 권력자 자리를 더 편안하게 느낀다. 그리고 2유형은 항상 자신의 뜻을 주장하기보다 자신에게 요구되는 것이 무엇인지 상황을 읽고 나서 사람들이 자신을 필요로 하도록 행동을 바꾸는 경향이 있다그러나 이들은 그것을 자만하게 '내가 제일 잘 안다'는 식으로 한다. 반면, 8유형은 지배하고 자신의 뜻을 보다 쉽게 강요하고 취약함을 내보이는 것을 피하는 경향이 있으며 심지어 모든 취약한 느낌을 거부한다. 반면 2유형은 더욱 손쉽게 취약함을 표하는데, 이들은 상처나 슬픔처럼 연약한 느낌을 자주 받기 때문이다. 그리고 심지어 자신의 취약함을 사람들을 조정하기 위한 방법으로 이용할 수도 있다.

2유형과 9유형

2유형과 9유형은 공통점이 많다. 이들은 다른 사람에 집중하고, 그들의 필요와 욕구를 우선으로 여겨서 자신의 필요와 욕구는 자주 망각하거나 방치한다. 또한 다른 사람에게 과도하게 맞추는데, 2유형은 타인이 자신을 좋아하도록 바라는 모습을 보이기 위해 행동하며, 9유형은 조화를 이루고 긴장과 분리를 완화시키기 위해 다른 사람의 의견과 섞인다. 그리고 다른 사람의 관점과 의견을 손쉽게 알아차리고 이해할 수 있기 때문에 훌륭한 중재자들이 될 수 있다. 이들은 보통 자기 관점보다 다른 사람의 관점을 확실하게 본다.

외부 관찰자들에게 이들은 호감이 가고 친근하며 보살피는 사람으로 보인다. 또한 분노와 거리가 멀지만, 일부 2유형은 자신의 표현하지 않은 욕구가 충족되지 않을 때 분노를 느낀다. 분노를 불편하게 느끼고 다른 사람과의 긍정적 연결 유지를 지향해서 갈등을 피하지만 일부 2유형은 훨씬 감정적인 천성이 자신을 부추기면 때로 갈등에 맞설 수 있다. 두 유형은 수동공격 행동을 보일 수 있는데, 자기 뜻을 주장하고 직설적 방식으로 분노를 표출하면 타인과의 연결이 끊어질까봐 두렵기 때문이다.

2유형과 9유형은 비슷해 보이지만, 대조적인 특징도 있다. 이들은 자기 대신에 다른 사람에게 주의를 집중시키지만, 2유형은 감정에 집중하는 경향이 있으며 그들의 감정을 잘 느끼는 경향이 있는 반면, 9유형은 다른 사람과 활동적인 조화를 유지하는 데에 초점을 맞춘다. 2유형은 강렬한 감정의 광범위한 범위까지 자주 느끼는 경향이 있으며, 9유형은 감정적으로 한결같고 밋밋하다. 2유형은 다른 사람을 향해 적극적으로 움직이며, 그들과 감정적으로 동조하고자 필요와 선호사항을 미리 앞서서 읽는 반면, 9유형은 타인과의 연결을 적극적으로 추구하지 않으며 그들의 필요를 많이 읽지 않는다.

또한 2유형은 관계를 맺고 싶은 사람을 선택하고 특정 사람에게 더 끌리는 경향이 있는 반면 9유형은 넓게 사귀고 일부 사람들 하고만 친해지고자 노력하지 않는다. 2유형이 적극적이고 강한 에너지 수준과 더 빠른 속도를 가지고 있으며 9유형은 이완되고 느긋해 보인다. 이들은 다른 사람에게 주의를 기울이기 위해 자신을 방치할 수 있지만, 2유형은 필요와 감정을 억압하는 경향이 있는 반면, 9유형은 자신의 욕구와 의제를 '잊어버리거나' 관심을 기울이는 것을 회피한다. 2유형은 자신이 필요한 것에 관심을 기울이지 않을 수는 있지만 대인관계 연결이나 몇몇 일에 대해선 명확한 의제를 가지고 있는 반면, 9유형은 자신의 할 일을 무시하는 경향이 있다.

3유형과 4유형

3유형과 4유형은 공통된 특징을 가지고 있어서 비슷하게 보일 수 있다. 그들은 다른 사람들이 자신을 어떻게 여기는가에 초점을 둔다. 다만 3유형은 특정한 맥락 안에서 외부의 기준에 따라 성공하고 성취하는 이미지를 만들어 내는 데 주의를 기울이는 반면, 4유형은 감정을 표현 할 수 있는 독특한 느낌의 이미지로 소통하는 데 초점을 둔다. 그리고 이미지에 초점을 두는 것과 더불어 가슴 센터이기에 기본적으로 비슷한 감성을 가지고 있다. 그러나 이들이 감정 기반이라도 3유형은 일을 성취하고 업무를 완수하기 위해 감정을 회피하는 경향이 있고 4유형은 자신의 감정에서 정체성을 찾으려하며 자신의 감정을 자주 느끼려한다. 두 유형 모두 자신을 알아봐주고 인정해 주는 것을 중요하게 여긴다. 그렇기 때문에 이들은 경쟁적이고 열심히 일하며 창의적이고 강렬할 수 있다.

3유형과 4유형 사이에는 명확한 차이가 있다. 3유형의 주의가 업무, 목표, 일로 기울 때 4유형은 감정, 자기표현, 다른 사람들과의 감정적 연결 쪽으로 기운다. 3유형은 업무에 초점을 두고 목표로 빨리 가는 길과 효율적인 방식을 찾는 동안

4유형은 자신을 표현할 때 독창적이며, 창의적이고 비선형적 방식을 선호한다. 3유형은 일을 해낼 때 감정에 무감각해지는 반면 4유형은 모든 감정을 느껴야 하고 그것을 표현해야 한다고 믿는다. 3유형이 그룹이나 사회에서 정의된 성공을 이루려고 목표를 추구하는 동안 4유형은 특별함과 독특한 감정의 방식으로 진정한 표현의 연결과 독창성을 통한 깊은 감정, 그리고 사랑에 관련된 것을 이상적으로 나타내는 것을 추구한다.

3유형은 비싼 자동차, 고급 의복과 같은 성공의 물질적 표시에 높은 수준의 가치를 두고 다른 사람들이 정의한 성공으로 향한다. 4유형은 자신이 가치 있게 여기는 것과 어떤 감정을 느끼는가에 초점을 두고 강조한다. 3유형은 특정한 목표와 그것을 달성하는 데 초점을 둔다면 4유형은 자신에게 없는 것과 주어진 상황안의 필요에 주의를 기울인다. 다른 사람에게 자신들을 드러낼 때는 3유형은 실제 자신이 아니고 진정한 자신을 잃어버리는 일이며 그저 보이는 것뿐이라고 해도 다른 사람들이 생각하는 가장 매력적이거나 존중받는 이미지에 맞추려고 한다.

그 과정에서 3유형은 자신감 있고 유능해 보이는 이미지, 즉 이상화된 자기 이미지와 자신을 동일시한다. 그러나 4유형은 진정한 자신을 표현하는 것을 가치 있게 여기고, 어딘가에 결함이 있다는 느낌 때문에 결핍된 이미지와 동일시한다. 3유형은 경쟁하고 이기며 실패를 회피한다면 4유형은 진정한 연결, 자기표현, 미학에 초점을 둔다. 그러나 일대일 4유형은 3유형처럼 경쟁적이지만 일반적으로 분노와 무의식적인 시기가 동기이며 자신의 가치와 우월함을 증명하려고 애쓰는 감정에서 나오는 경쟁이다.

3유형과 5유형

3유형과 5유형은 비슷한 성격을 가지고 있다. 이들은 감정을 통제하길 바라며 자신의 감정에 주의 두는 것을 피하는데 3유형은 업무를 해내려고 하거나 목표를 성취하거나 자신의 이미지를 유지하기 위해서 감정을 둔하게 한다. 반면 5유형은 습관적으로 자신의 감정과 떨어지고 사고와 분석에 더 초점을 둔다. 3유형은 행동하고 실행할 때 편안하고 5유형은 정신적 영역 안에서 더 편안하고 안전하다 느낀다.

3유형은 자신의 이상적인 이미지와 자신을 동일시 여겨서 본심에 접근하기가 어렵고, 그러므로 진실된 자신으로 살기가 어렵고 자신과 연결되지도 못할 수 있다. 5유형은 자신을 힘들게 하는 감정과 얽매이거나 불편함을 줄이는 방식으로 다른 사람으로부터 위축한다. 이런 이유로 3유형과 5유형은 독립성과 자급자족을 중요시 한다.

3유형과 5유형 사이에는 큰 차이가 있다. 가장 큰 차이는 3유형의 경우 다른 사람들의 인정과 존경에 의지하지만, 5유형은 타인의 기준으로 평가하지 않고 객관적이고 독립적인 것을 자랑스러워한다. 3유형은 존중받고, 가치 있다는 평가를 듣기 위해서 다른 사람이 선망하는 성공적 이미지를 만드는 것에 관심을 두지만, 5유형은 이런 이미지에 초점을 두지 않는다.

일을 할 때 3유형의 우선순위는 목표를 향해서 작업을 하고 과업을 수행하는 쪽에 있지만, 5유형은 지식을 쌓고, 현상을 분석하며, 과정에 대해 사고하고, 결과를 관찰하는 것을 우선시한다. 3유형은 선택한 목표를 이루기 위해 근무시간을 초과해도 계속 일을 잡고 있다. 그러나 5유형은 에너지를 절약하고 일에 너무 힘을 뺏

기지 않게 거리를 둔다. 3유형은 끝없이 일하고, 휴가 중에도 일을 가지고 갈 만큼 손을 놓지 않으며, 일이 아닌 다른 방면에서도 경쟁적이고 이기려는 데 에너지를 쏟는다. 그러나 5유형은 사용할 수 있는 에너지의 양에 한계가 있다고 여기기에 시간, 에너지, 노력과 같은 자원을 최대한 필요한 만큼만 사용하고 자신이 에너지를 쏟을 만한 가치가 없다고 생각되면 쉽게 손을 놓기 때문에 냉담해 보일 수 있다.

3유형과 6유형

3유형과 6유형에는 공통된 특징이 있다. 3유형과 특히 공포대항 6유형은 열심히 일하고 자기주장을 내세우며, 자신의 앞길을 개척한다. 이들은 사람을 한눈에 잘 파악하지만 그 이유는 서로 다르다. 3유형은 다른 사람이 보기에 성공적이고 존경할 만한 모습의 이미지를 만들기 원하기 때문에 그 모습이 무엇인지 알아내기 위해서 사람들을 읽는다. 6유형은 다른 사람의 숨겨둔 의도를 알기 위해서, 그리고 누가 자신을 보호하고 위협하는지 알기 위해 그렇게 한다. 3유형은 다른 사람으로부터 인정을 추구하고 6유형은 협력자를 통해 안정감을 얻기 때문에 두 유형은 다른 사람들에게 매력적이고 친근한 모습을 보인다. 3유형은 결과를 만들기 위해서 가장 효율적인 길을 찾고 목표에 초점을 두고 6유형은 문제와 위험을 예상하며 준비와 사전 대책을 강구하는 것을 우선시하기에 이들은 해결책에 초점을 두며 실제적이다.

3유형과 6유형은 여러 방식이 다르다. 3유형은 목표를 이루기 위해서 효율적이고 신속하지만 6유형은 문제가 발생하거나 잘못된 방향으로 간다는 불안감이 있어 일을 미루곤 한다. 3유형은 자신의 일에 자신감이 있고 성공 이미지에 익숙하지만,

6유형은 의심과 질문으로 망설이고 최악의 시나리오를 상상하며 과도한 분석으로 마비되거나 두려움에 사로잡힐 수 있다.

업무에서 3유형은 자신의 성취를 인정받기를 좋아하고 성공을 위한 일에 주의를 기울인다. 6유형은 성공을 두려워하고 자기 스스로 방해하는 경향이 있는데, 이는 다른 사람들의 관심을 받는 것을 피하려는 노력일 수 있다. 3유형은 행동 지향적이고 성공 지향적인데 6유형은 성공으로 인해 노출되면 위협을 당할까봐 두려워해서 성공할 수 있는 길을 피한다. 목표 지향적인 3유형은 무엇이 잘못될 수 있는지에 대해 생각을 하지 않고 목표를 향해서 나아가는데 6유형은 무언가 잘못될 것에 신경을 쓴다. 다만, 그러한 생각이 다른 유형이 알아차리지 못하도록 장애물을 발견하고, 일을 시작할 때 스스로를 납득시키면서 준비할 수 있게 하기에 유능한 해결사의 면모를 갖춘다. 또한 3유형은 일을 방해하지 않는 한 권위자들과 함께 일을 할 수 있지만, 6유형은 부당한 억압을 받을까 두려워해서 권위자에게 반항하거나 의구심을 표현한다.

3유형과 7유형

3유형과 7유형은 많은 특성들을 공유하기에 비슷하게 보일 수 있다. 이들은 활력을 가지고 있으며, 특히 자신들이 흥미 있고 투자할 만한 프로젝트에는 보다 많은 열정을 쏟고, 다른 사람에게 매력적이고 호감이 가는 모습을 보인다. 3유형은 이런 특성을 사람들의 인정과 존경과 협조를 얻기 위해서, 7유형은 타인과 관계를 할 때 방어의 첫 단계로 부정을 분산시키고 낙관적으로 만들며 긍정적인 분위기를 띄우기 위해서 사용한다.

3유형은 타인이 생각하는 성취와 성공의 이미지를 만들기 위해서, 그리고 7유형은 습관적으로 부정적인 감정을 피하기 위해 긍정적인 부분만 보고 무한한 가능성과 기회가 있다고 믿기 때문에 두 유형 모두 목표를 달성하는 데 자신감을 가지고 낙관한다. 그런 이유로 3유형은 일을 하고 좋게 보이는 데 방해가 되기에, 7유형은 불안이나 슬픔과 같은 불편한 경험들에 갇혀있을 수 있다는 두려움 때문에 속도를 떨어뜨리는 부정적인 감정을 피한다.

3유형과 7유형을 구별하는 특성들이 있다. 3유형은 업무를 완수하고 일을 진행하는데 뛰어나지만, 7유형은 산만해서 집중을 유지하고 일을 끝마치는 걸 어려워한다. 3유형은 타인의 시선을 의식하며 사람들과 소통하고 자신의 이미지를 가꾸는데 노력하지만 7유형은 특정한 이미지를 성취해서 인정을 얻는데 관심을 두지 않는다. 더불어 3유형은 다른 사람들의 인정과 존경에 의지하는 타인 참조라면 7유형은 타인과 관계없이 자신의 욕구와 필요, 그리고 자기 내면의 경험에 더 초점을 둔 자기 참조이다.

3유형은 휴가 중이라도 일을 할 만큼 일이 우선적인 반면 7유형은 즐겁고 재미있는 것을 원하며, 일보다는 레크리에이션을 우선시한다. 3유형은 일을 할 때 제한되거나 구조화된 조직에서도 잘 해낸다. 그러나 7유형은 계급에 따른 구조를 싫어하고, 자신에게 가해지는 제약을 피하려고 권위와 동등해지려고 한다. 3유형은 눈앞의 해야 할 업무 중 현재에 집중하는 경향이 있고 7유형은 미래에 대한 계획에 초점을 더 두고 있다.

3유형과 8유형

3유형과 8유형은 공통된 특성을 가지고 있어 비슷한 면이 많다. 이들은 열심히 일하고 업무를 진행하기 위해서 많은 에너지를 사용한다. 3유형은 얼마만큼의 시간과 노력이 걸리든 상관없이 목표를 달성하고 업무를 끝내려하며 8유형은 큰일을 해내기를 원하고 자신의 신체적 필요와 한계를 잊어버리기 쉽기 때문에 둘 다 과로 하곤 한다. 두 유형은 필요하다면 분노를 표현하지만 그 이유는 다르다.

3유형은 다른 사람들이 자신의 목표에 방해물을 만들 때 분노와 성급함을 표현 한다. 8유형은 어떤 사람이 불공평하고 부당하며 자신에게 상처를 입혔을 때, 누군 가 자신에게 무엇을 하라고 말했을 때, 나아가는 과정을 지연시킬 때, 보호하려는 대상이 상처를 받을 때를 포함해서 더 넓은 시각을 가지고 화를 표현한다. 이들은 프로젝트를 해내고 업무를 도모하기 위해서 직접적으로 나서며 결과 지향적이다.

이들은 지도자 위치에 있는 것을 즐거워할 수 있다. 3유형은 높은 지위에 오르기 위해 이미지를 높이는 일의 가치를 이해하며 일이 어떻게 진행되는지를 말하는 것 을 좋아하지만 8유형은 일의 진전과 안건을 제시하고 통제하기를 원하며 연약한 감정을 표현하는 것을 어려워한다. 3유형은 방해가 되는 감정을 습관적으로 회피 하고 8유형은 강함, 권력, 통제를 유지하기 위해서 연약한 감정을 부정한다. 두 유 형은 연약한 감정이 약함을 보이는 것과 같다고 여긴다.

3유형과 8유형도 다른 점이 있다. 3유형은 존경을 얻는 대외적 이미지에 주의를 두지만, 8유형은 타인이 어떤 시각으로 보는가와 이미지에 신경 쓰지 않는다. 3유 형의 일하는 동기는 업무를 해내고 성공해서 타인에게 인정받기 위함이지만, 8유형의 동기는 자신의 신체적 만족, 통제, 권력에 대한 욕구이다. 3유형은 목표를 성취하기 위해 효율적인 방안을 찾는 감각이 탁월하지만 8유형은 주어진 상황에서 힘의 배분을 하는 것이 어렵다. 또한 3유형은 자신의 영향력이 얼마나 되는지 잘 알고 있으며, 반대로 8유형은 타인에게 영향력을 행사하는 부분에 있어서 맹점을 가지고 있다.

3유형은 방해가 되지 않는다면 기존의 구조나 권력자와 일할 수 있지만 8유형은 자신의 목적을 위해서라면 규칙을 깨기도 하며 권위에 반항적이다. 3유형은 특정인의 가치에 맞추어서 만들어진 이미지에 따라 진실을 디자인하지만, 8유형은 자신이 생각하는 진실과 객관적인 사실을 구분하기가 어렵지만 진실에 가치를 둔다. 3유형에게 진실은 상황에 맞게 달라질 수 있으며 상대적이고 기만이나 자기기만이라는 고착일 수 있지만, 8유형에게 진실은 자신이 말하는 것이다. 3유형은 자신의 정체성에 대해 혼란스러울 수 있고, 진정한 자신이 아닌 자신이 만든 이미지를 자신이라 생각할 가능성이 높다. 반면 8유형은 자신의 권력, 강함, 정체성에 대해 자신이 누구인지 잘 알고 있다.

3유형과 9유형

3유형과 9유형에게도 공통점이 있다. 이들은 쉽게 호감을 사고 긍정적이며 낙관적인 면모가 강하다. 3유형이 일에 더 많이 몰입하긴 하지만 기본적으로 두 유형다 성실하게 일하며 자신의 정체성이나 방향에 대해 타인에게 의존적인 경향이 있다. 3유형은 다른 사람이 생각하는 성공을 읽어내고 존경과 인정을 얻도록 자신의 이미지를 만든다. 9유형은 자신의 의제에 명확하지 않고 갈등을 싫어해 타인 참조를 하며 다른 사람의 방향성과 그들이 원하는 것에 순응한다. 그래서 두 유형은 자신이 실재한다는 감각을 얻기 어려워한다.

3유형은 해야 할 일에 주의를 두고 자신의 이미지와 자신을 동일하게 여기곤 하는데 이 때문에 자신의 존재를 잘 실감하지 못한다. 9유형도 비슷한데 갈등을 피하기 위해 타인의 의견에 몸을 맡겨 융합이 되면서 자신이 누구인지 인지하기 어렵게 된다. 그러다가 어느 순간 자신이 실제로는 그 의견을 진심으로 원하지 않음을 깨닫기도 하지만 그 순간에 자신이 무엇을 원하는지 잘 모를 때가 많다.

3유형과 9유형에도 큰 차이가 있다. 3유형은 목표에 도달하고 업무를 이루는 것을 중요시하지만 9유형은 조화와 편안함을 유지하는 것에 주의를 둔다. 3유형은 빠르고 결단력이 있어 일을 이끌지만 9유형은 느긋하고 중립적인 모습을 보인다. 3유형은 만사가 일 중심이지만 사회적 9유형을 제외한 대부분의 9유형은 산만해지거나 관성적인 휴식에 빠지거나 망설임으로 인해 일을 끌거나, 필수적이지 않은 일에 매달려 중요한 일을 잘 마무리하지 못한다. 3유형은 목표를 성취할 때까지 예리하게 집중을 유지하지만 9유형은 다른 사람을 지원해 주느라 자신의 우선순위에서 쉽게 산만해진다.

3유형은 나아가려는 탄력에 방해가 되는 것이라면 쉽게 갈등 해결에 나서지만 9유형은 갈등을 마주하지 않으려고 힘들어도 참아낸다. 3유형은 같은 불편함이라도 목표를 성취하기 위해 필요한 일이라면 더 쉽게 견딘다. 반면 9유형은 다른 사람이 강하게 의견을 주장하거나 잘못된 일을 할 때 그 사람과 맞서게 되면 자신의 평화가 무너진다고 생각하며, 그렇기에 안전한 곳에서 나오지 않고 편안하길 바란다. 3유형은 자신을 알아보는 상황을 좋아하며 오히려 적극적으로 추구하고 주목받는 상태를 즐거워하지만 9유형은 자신에게 이목이 집중되는 것이 부담스럽다.

4유형과 5유형

4유형과 5유형에도 공통점이 있다. 이들은 타인에게 쉽게 위축되며 내향적이다. 4유형은 자신의 감정을 깊이 그리고 정기적으로 느끼기 위해서 타인으로부터 멀리 있으려 한다. 5유형은 대인관계를 통해 자신의 자원시간, 에너지 등이 소진되거나 자신의 개인 영역을 침해받을까봐 두려워하기에 타인과 경계선을 만들고 관계에서 멀어진다. 5유형은 사고하는 것에 집중해서 지성적이라 평가받지만 그 대신에 자신의 감정을 단절하거나 멀리한다. 이들은 타인의 경험보다 자신의 경험과 판단을 신뢰하기에 자기 참조이고 자신의 내면을 살펴보며 자기 성찰적이라고 할 수 있다.

4유형과 5유형 사이에 중대한 차이가 있는데, 4유형은 오랫동안 깊이 자신의 감정을 돌아보기 때문에 가장 감정적이지만, 5유형은 적은 감정을 사용하고 습관적으로 가장 감정과 거리를 두고 있다. 다른 사람들과 관련해서 4유형은 타인과 깊은 감정적 교류를 바라고 진정한 관계에 가치를 두기에 타인과 자신의 감정을 공유한다. 5유형은 복잡한 감정을 구분지어 일정한 한계를 두고 표현하는 것을 더 편하게 느끼기에 타인과 깊은 관계를 회피하며 자신의 감정을 본인만 느끼며 자급자족하는 데 가치를 둔다.

상황이나 업무에 대한 평가를 할 때, 4유형은 감정적인 직감으로 판단하고 창의적인 측면에서 사물을 보는 반면 5유형은 객관적인 시각으로 거리를 두고 소통을 한다. 4유형은 혼자 있는 시간을 고마워할 수는 있지만, 타인과 감정적인 교류에 높은 가치를 두며 상실감이나 버림받는 것에 예민하고, 5유형은 혼자 있는 시간을 즐기고 많이 가져야 한다. 4유형은 드라마틱하고 로맨틱하며 자신의 관계에서 열정적이지만, 5유형은 말을 잘 하지 않으며 자신의 것을 주지 않으며 침범당할 때 민감하다. 또한 4유형은 타인의 필요에 예민하고 공감을 잘해주지만, 5유형은 다른 사람의 욕구로 인해 쉽게 지친다. 4유형은 자신의 공허가 채워지길 갈망하기에 자신이 필요로 하는 것이 채워지지 않을 때 고통을 느끼지만, 5유형은 자신의 욕구와 필요도 최소화하는 경향이 있고 고통으로부터 거리를 두기 위해서 자신의 필요를 미리 채워두고 저장한다.

4유형과 6유형

4유형과 6유형은 매우 비슷한 유형이다. 이들은 다른 사람을 읽어내는 데 노련하고 직관을 가지고 있다. 4유형은 감정적 직감과 공감을 통해 관계 유지에 도움이 되기 때문에 6유형은 위협으로부터 자신을 보호하기 위해서 다른 사람들의 의도가 무엇인지 알려고 한다. 그래서 두 유형은 좋은 해결사가 될 수 있다. 4유형은 특정한 상황에서 무엇이 결여되어 있는지 자연스럽게 알며, 6유형은 자동적으로 무엇이 잘못될 수 있는지 생각해서 준비한다.

이들은 자신만의 확립된 일하는 방식이 있고 필요하다면 권위자에게 반항할 수 있다. 4유형은 진정한 감정적 표현과 깊이를 지향하며, 자신의 독창적인 시각으로 인해 규칙을 따르지 않을 수 있고, 6유형은 권력에 대한 의구심과 불안감, 그리고 기질적인 반골로 인해 규칙과 권력에 대항할 수 있다. 이들은 자신에 대해 부정적이다. 4유형은 무엇인가를 잃어버렸고 결함이 있다고 느끼며, 6유형은 자신을 탓하고 의심이 많으며 의문을 던진다. 그리고 일을 추진하는 데 어려운 시간을 보내고 인생이 막혀있다고 느낀다. 4유형은 도를 넘은 자기 비난과 결핍된 감정에 매여 있고, 6유형은 주변의 사건 사고에 신경을 쓰기에 희망이 없다고 믿고, 분석 마비를 경험하며 자신의 능력에 확신이 없고 성공을 두려워한다.

4유형과 6유형 사이에는 더욱 확실한 차이가 있다. 4유형은 다른 사람들이 자신을 독창적이며 독특하게 보길 바라지만, 6유형은 자신의 이미지에 그다지 초점을 두지 않는다. 4유형은 특별하게 보이고 두드러지길 바라며 자신의 감정 안에 그리고 감정으로 인해 살고 있지만, 6유형은 약자나 보통 사람들의 원형에 동일시하며 자신의 정신과 분석 안에서 산다. 일반적인 감정에서 4유형은 슬픔과 우울감에 관련된 감정을 느끼지만, 6유형은 두려움, 의심 그리고 걱정이 중심 감정이다. 4유형은 타인에게는 있는데 자신에게 없는 것에 집중하며 만약 그 결핍된 것을 찾게 된다면 행복해 질 수 있을 거라 여기는 반면, 6유형은 확실성을 갖기 원하지만 그것을 찾지 못한다면 다른 것으로 대체한다. 4유형 최고의 목표는 자신의 모습 그대로 인정받으며 사랑받는다고 느끼는 것이지만 6유형은 세상 속에서 안전을 느끼는 것이다.

4유형과 7유형

4유형과 7유형은 비슷하게 보일 수 있는 공통의 특성을 공유하고 있다. 그들은 매우 이상적이지만 4유형은 연결과 사랑에 대한 이상이고 7유형은 풍부한 상상의 영역에서 다양한 이상을 머릿속에 그리는 데 초점을 둔다. 또한 강렬함과 활기를 주는 경험을 추구하고 그에 대한 진가를 알아본다는 것이다. 4유형은 일상적인 경험을 싫어하고 다른 사람들과의 연결에서 감정과 열정을 깊게 느끼기를 갈망하고, 이는 감정 안에서 살고 있기에 그렇게 되는 것이다. 7유형은 잠재적으로 공허하고, 지루하거나 즐겁지 않은 것으로부터 벗어나기 위해 재미있고 긍정적인 것을 경험하고 분위기를 띄우기 원해서 강렬함과 자극이 되는 것을 추구한다.

두 유형은 지루하거나 불안한 상황과 평범한 일상을 견디기 힘들어 하고 자기표현과 창의적인 것에 가치를 둔다. 4유형은 미학과 예술가적 기질을 이해하기에 자신도 독특하고 특별해 보이며 이해받기를 원하고, 7유형은 창의적이고 신선한 발상의 활기를 주며 흥미와 이상을 가지고 있으며 다양한 미래에 대한 가능성을 상상하는 비전을 제시한다.

4유형과 7유형은 독특한 방식으로 다르다. 비록 이들은 이상주의적이지만, 4유형은 회의적이며 없어진 무엇인가에 주의를 두고 7유형은 대책 없이 낙관적이다. 또한 주로 집중하고 표현하는 감정이 다르다. 4유형은 감정 폭이 넓고 감정 변화에 민감하며 좌절이나 우울감과 같은 어두운 감정을 잘 느낀다. 한편 7유형은 긍정적인 감정들을 끌어내고 타고난 낙관성과 행복한 기질에 초점을 두는 경향이 있기에 슬픔이나 불편함 같은 힘든 감정을 견디기 어려워한다. 4유형은 밝은 면만 보는 것을 달가워하지 않는다. 자신에게 없는 것, 가지고 싶은 것, 되고 싶은 것이 있지만 그렇게 못하는 것에 초점을 두기에 이들은 관계, 이슈, 상황 등을 부정적으로 바라보곤 한다. 7유형은 부정적인 것을 긍정적으로 재구성한다.

4유형은 힘들어 하는 타인을 지원하는 것에 대해 편안해 하지만, 7유형은 다른 사람의 고통에 함께하고 공감하는 것에 어려움을 느낀다. 4유형은 고통 속에서 가치를 찾고 풍성함을 발견할 수 있으며 진정성을 느낄 수 있고 거기에 진정한 감정의 공유를 통해 다른 사람들과 깊게 연결되기를 바란다. 정반대로 7유형은 밝고 긍정적인 것만 보려 하기 때문에 고통과 괴로움을 다루는 것에 도전을 받고, 제약되는 느낌을 싫어해서 타인과 강한 감정적 교류와 깊은 관계를 맺는 것을 망설인다. 4유형은 진정성과 깊이에 가치를 두고 7유형은 매력과 긍정적이고 재미있는 방식을 선호한다.4유형은 이런 상태가 깊이가 없거나 진실하지 못하다고 느낄 수 있다.

4유형과 8유형

4유형과 8유형은 다음과 같은 면에서 비슷하게 보일 수 있다. 이들은 갈등에 맞설 의지가 있으며, 4유형보다는 8유형이 그런 성향이 강하다. 4유형은 울적함을 자주 느끼고 다양한 감정을 쉽게 느끼지만, 8유형은 감정들 중에서 분노를 자주 표현하며 그 외에도 두 유형은 다른 유형에 비해서 강한 감정을 느끼고 표출할 수 있다. 양쪽 모두 강렬함에 끌리고 자신의 연약한 감정을 느끼는 것은 4유형이 훨씬 더 격렬하다. 이들은 충동적이며 4유형은 내면의 경험을 우선시하고 욕구와 필요가 규율을 넘어서고, 8유형은 자신이 규칙보다 우위에 있다고 생각하기에 두 유형 모두 필요하다면 규칙을 깰 수 있다고 여긴다. 4유형은 일을 할 때 자기표현과 예술적인 협력의 기회라 생각하며 8유형은 타인에게 영향력을 행사하기 원하고 권력을 집고 유지하기 바라며 일하는 사람들을 보호해주기 바라기에 두 유형 모두 열심히 일하며 자신의 작업에 깊이 참여한다.

4유형과 8유형 사이에도 큰 차이가 있다. 4유형은 넓고 다양한 감정을 경험하고 슬픔과 우울을 강하게 느끼며 자신의 약함을 인정하고 몸소 느끼며 오히려 그런 감정에서 편안함을 느낀다. 8유형은 화를 잘 내고 성급하며 자신의 취약한 모습과 연약한 감정을 표현하지 않으며, 그러한 점이 있다는 걸 부정하기도 한다. 일대일 4유형을 제외한 4유형들은 의존에 대한 감각과 자신의 부드러운 감정들과 자신의 한계를 잘 알고 있지만, 8유형은 의존과 부드러운 감정 그리고 신체적 한계를 잘 인식하지 못한다. 더불어 4유형은 8유형보다 신체적, 감정적 욕구를 채우려 노력한다. 인간관계에서 4유형은 자신이 원하는 연결과 감정을 표출함으로, 8유형은 보호와 권력을 통해서 사랑을 표현한다.

두 유형 중 8유형은 4유형보다 반항적이고 권위에 도전적일 수 있다. 일반적으로 4유형은 자신의 기여가 인정받을 수 있는 환경, 매력적으로 관심을 끄는 것, 창의적인 과정에 집중하지만, 8유형은 일을 전진시키는 전략과 큰 그림에 주의를 둔다. 다른 사람과 일을 할 때 두 유형은 활력 넘치고 의욕적이지만 방식이 다르다. 4유형은 다른 사람들과 감정적인 연결을 이루는 것을 더 중시하지만, 일대일 4유형은 예외적으로 자기주장을 강하게 하고 공격적일 수 있다. 8유형은 지배적이고 공격적일 수 있으며 자기주장적인 경향이 있다. 4유형은 주위에 있는 사람들에게 어떤 영향을 주는지에 민감하고 감정적이며 직관적이지만, 8유형은 자신의 영향력을 잘 인식하지 못하는 편이다. 의사소통에서는 4유형은 느끼는 감정을 기술적으로 표현하고 자기성찰적이지만, 8유형은 직접적이고 솔직하며 자신의 내면 작업에 신경 쓰지 않는다.

4유형과 9유형

4유형과 9유형은 공통된 특성을 가지고 있다. 이들은 타인과 연결을 원하고 관계를 유지하는 것이 중요하기에 비슷해 보일 수 있다. 더불어 사랑하는 사람과 융합이 되면서 자신을 잃을 수 있지만, 4유형은 9유형보다 독립적 성향이 강해 비교적 자신을 잃을 경향이 적다. 4유형은 감정적인 직감을 가지고 있으며 다른 사람의 감정과 분위기에 예민하고 9유형은 조화를 만들기 위해서 타인에게 맞추고 상대의 시각으로 볼 수 있기 때문에 두 유형 모두 다른 사람을 쉽게 이해할 수 있다. 그들은 타인이 본인들을 오해하고 있으며, 중요하게 여기지 않고, 간과하고 있다고 느끼는 편이며 4유형이 특히 더 그렇다. 9유형은 명확한 의견을 표현하거나 강하게 행동하길 꺼려하기 때문에 실제 그런 상태를 자주 경험한다. 두 유형들은 어딘가 소속되지 않는 것을 두려워한다. 4유형은 부적응자로 느끼는 경향이 있고 9유형은 본능적으로 그룹의 참가 유무에 민감하다.

하지만 4유형과 9유형의 차이는 크다. 기본적으로 4유형은 자신의 욕구, 감정, 필요에 더 초점을 주고 내면의 경험을 우선시하는 자기 참조이지만, 9유형은 타인의 의견, 의제, 분위기에 주의를 두는 타인 참조이다. 4유형은 9유형보다 감정을 다양하게 느끼고 기복이 있지만 9유형은 감정이 한결같다. 또한 4유형은 자신의 필요와 욕구를 잘 인지하고 그것에 초점을 두지만, 9유형은 쉽게 자신의 우선순위를 다른 사람의 의제나 덜 중요한 대체물로 옮길 수 있다. 그리고 4유형은 진정한 감정의 소통이 필요하다면 불화가 일어나더라도 소통을 강행할 수 있고 갈등 속에 있거나 갈등을 일으킬 수 있지만, 9유형에게는 사람들의 조화와 평화가 중요하고 갈등을 회피한다.

4유형은 자신의 의견이 가치가 있고 자신의 생각을 말하는 것이 중요하다고 믿기에 다른 사람과 친하게 지내려고 정도 이상으로는 애쓰지 않고 타인의 의견에 동의하지 않거나 독특한 의견을 피력한다. 반대로 9유형은 갈등을 만들기 싫어하고 자신보다 다른 사람들의 의견이 더 중요하다고 믿고, 자신이 원하는 것이 무엇인지 알지 못하기에 선호하는 것을 말하지 않는다. 4유형은 쉽게 다른 사람들과 경계를 만들고 자신의 의제를 주장하지만, 9유형은 타인에게 지나치게 맞추며, 자신이 다른 사람에게 맞추지 않으면 관계가 깨어질 거라고 생각한다. 이런 이유로 거절하거나 경계선을 긋거나 자기주장을 힘들어한다.

5유형과 6유형

5유형과 공포순응 6유형은 내성적이며 타인으로부터 떠나서 안전함을 찾는 공통점이 있다. 5유형은 자신이 침범당하기 싫기 때문에 거리를 유지하고, 6유형은 다른 사람에게 해를 입을 것 같다는 불안감에 거리를 둔다. 이들은 관계 측면에서 볼 때 안전과 안정에 대한 걱정이 있기 때문에 다른 사람들을 신뢰하는 데 시간이 많이 걸린다. 5유형은 외부의 위험에 민감하게 반응하지만 일이 터지기 전에 미리 회피하고 공포순응 6유형도 외부의 위협을 굉장히 두려워하며 불안해한다. 두 유형은 타인과 상호작용 하고 자신의 방위선을 살필 때 조심스러우며 자신의 영역을 침범 받았다고 생각할 때 분노한다. 5유형은 타인과 교류할 때 자신의 자원을 너무 쓴다고 생각하기 때문에 경계선이 명확하고 6유형은 타인에게 수치나 공격을 받을 수 있다는 두려움을 가지고 있다. 이들은 분석적이고 지성적으로 처리하는 사고 유형이고 감정에 대해서 생각할 수는 있지만 진정으로 느끼기는 어렵기에 감정을 회피하기 위해 사고 기능에 의지한다.

5유형과 6유형은 다른 점이 있다. 내향적인 5유형은 공포대항_{일대일} 6유형이 외향적이기에 차이를 느낄 수 있다. 5유형보다는 6유형이 권위에 대해 더 주의를 둔다. 5유형은 자신이 선택한 권위를 따르지만 가끔 권위를 따르지 않는 경우가 있는데 이때는 알아차릴 수 없는 방식으로 조용하고 확고하게 권위에 반대할 수 있다. 6유형은 의구심을 가지고 필요하다면 권력자에게 반항한다. 5유형은 지식의 축적, 욕구의 축소, 시간과 에너지와 같은 자원 사용의 절약에 초점을 두고 감정의 통제에 가치를 두지만, 6유형은 확실함을 얻기 위해 의문과 의심에 주의를 기울이고 감정의 통제는 중요하지 않다.

분석할 때 5유형은 습관적으로 감정으로부터 물러나기 때문에 자기 자신을 분석할 때 객관성을 유지하지만 6유형은 자신이 가진 두려움이 실제 있는 일이라고 여기기도 해서 자신의 투사와 직관을 잘 구별하지 못한다. 5유형은 대인관계에 있어 타인과의 감정의 교류를 통한 에너지 소모와 압박감을 피하기 위해 위축되며, 6유형은 타인과의 감정 교류가 두렵지 않고 자신이 신뢰하는 사람에게 시간과 에너지를 사용하는 것에 관대할 수 있다.

5유형과 7유형

5유형과 7유형은 공통된 특성을 가지고 있다. 두 유형 다 머리 센터로서 지향점이 다르긴 하지만 생각하고 사고하는 기능에 시간을 많이 보낸다. 5유형은 지식이 힘이라는 신념으로 정보를 수집하고 분류하는 관점으로 사고하며, 7유형은 계획하고 아이디어를 서로 연결하여 밀접한 연관을 갖는 것으로 사고한다. 5유형은 자신들이 흥미로워 하는 주제에 대해 정보를 모으고 분류하는 관점을 우선시하고, 7유형은 사고를 하는 데 비선형적 방식을 가지고 있어서 관련 없는 사물들 사이의 연결과 유사점을 찾는 데 재능이 있다.

또한 두 유형 모두 상상력이 풍부하고 새로운 것을 배우기를 즐거워하며 지적인 재미를 추구한다. 5유형은 타인의 욕구로 인해 에너지가 밖으로 나가는 것을 두려워하고, 7유형은 선택을 할 수 있는 것을 좋아하고 제약받는 것을 싫어해서 두 유형 모두 사회적 상호관계에서 자신의 적극적인 헌신을 원하지 않는다. 덧붙여 이들은 감정에서 떨어져 분석하며 생각에 잠겨 느낌을 회피하면서 지성적으로 처리한다.

5유형과 7유형 사이에도 명확한 차이가 있다. 5유형은 재미있게 노는 것을 생각하지 않으며 미래에 살고 있지 않지만, 7유형은 앞으로 있을 즐거운 일과 여가에 대해서 계획하고 공상하기를 좋아하며 시간의 대부분을 미래를 바라본다. 5유형은 상황과 사건을 분석하면서 객관적이고 상황과 더 떨어져 있는 경향이 있지만, 7유형은 긍정적이고 습관적, 자동적으로 부정적인 것을 긍정으로 재구성한다.

5유형은 자신의 자원이 한계가 있어서 고갈될 수도 있다고 느끼기에 실속 있는 방식으로 해야 할 일을 하며 에너지 절약에 주의를 둔다. 반면 7유형은 제한이 없는 기회와 선택권에 초점을 둔다. 5유형은 자신의 개인적 공간과 경계선을 만들어서 보호하는 데 탁월하기 때문에 주어진 상황에 전념하는 일이 가능하다. 사실 7유형은 다른 사람들이 자신에게 의지를 하게 되면 자신이 제한되고 한계가 생기며 불편함을 느끼기에 전념하기를 어려워한다. 5유형은 약속을 하는 데 조심하고 소수의 인원만 만나지만, 7유형은 보통 활발하고 남과 어울리기를 좋아한다.

감정적 측면에서 5유형은 감정으로부터 떨어져 있고 자동적으로 스스로의 생각과 사고에 집중을 하지만, 7유형은 좌절, 불편함, 슬픔과 같은 느낌을 회피하는 방식으로 자극적이고 신나는 것을 적극적으로 찾아낸다. 5유형은 어려운 감정을 일으키거나 침해하는 상호관계를 피하기 위해서 타인으로부터 떨어지고 위축되지만, 7유형은 다른 사람을 무장 해제시키고, 멋지게 보이면서 자신의 두려움과 불안을 무의식적으로 넘긴다.

5유형과 8유형

5유형과 8유형 사이에도 비슷한 성격이 존재한다. 이들은 자신의 경계에 예민하며 다른 사람이 이를 넘을 시에 분노를 느끼고 표현한다. 하지만 이는 5유형이 유일하게 분노를 드러내는 상황이며, 8유형의 경우 분노를 느끼는 범위가 넓고 다양하다. 두 유형은 자신의 약한 부분을 인정하고 경험하며 표현하는 것이 어려울 수 있다. 5유형은 감정과 거리를 두지만 연약한 감정이 나오면 위축되며, 8유형은 자신의 능력과 영향력을 바탕으로 소통하며 자신의 연약함을 부정한다.

5유형과 8유형의 차이점은 많다. 5유형은 감정과 생각을 잘 드러내지 않으며 활용 에너지가 적고 내향적이며 위축되어 있지만, 8유형은 외향적이며 활력이 넘친다. 5유형은 조용하고 은근하며 적은 에너지로 통제하고 일을 할 때는 최소한으로 실속 있게 한다. 8유형은 공공연하게 적극적, 공격적인 방식으로 통제하려고 하고 자신들의 일에 도가 넘게 힘을 쓰는 경향이 있다.

상황을 분석해야 할 때 5유형은 객관적인 분석에 특출한 능력이 있지만, 8유형은 객관적 진실과 자신만의 진실을 구별하는 데 어려움을 겪는다. 5유형은 행동하기 전에 생각하지만 너무 오랫동안 생각만 하고 있을 때가 있으며 결국 행동으로 옮기지 않아 더 고통스러운 경우가 있지만, 8유형은 생각하지 않고 먼저 움직이는 경향이 있어 충동적이라 볼 수 있다.

인간관계에서 5유형은 친한 사람에게도 속내를 잘 밝히지 않아 소통에 어려움이 있지만, 8유형은 자신의 입장을 명확히 한다. 5유형은 자신의 욕구를 최소화하고 억제하며 이마저도 삶과 인간관계로 고갈되기도 하고 관계를 가지게 되면 감정과, 시간적 면에서 비용이 많이 든다고 생각하기에 인간관계로 인한 즐거움의 가능성도 포기할 수 있다. 반대로 8유형은 자신의 쾌락이나 힘에 대한 제재에 저항하고 인간관계, 특히 신체적 친밀감으로 에너지를 얻는다고 생각한다.

5유형과 9유형

다른 사람의 시선으로 보면 두 유형은 공통적 특성이 있다. 에너지 측면에서 보면 5유형과 9유형은 속내를 드러내지 않고 위축되어 있다. 9유형은 조화를 위해 자신의 의제와 선호를 방치하고 자신을 잊어버린다. 5유형은 객관적인 분석을 잘하고 9유형은 다양한 관점으로 볼 수 있기에 이들은 좋은 중재자가 될 수 있다. 5유형은 에너지의 사용이 많은 감정적 상황에 휘말리거나 드러내놓고 자신의 감정을 표현하는 것을 원하지 않고 9유형은 분노를 직접적으로 느낄 수 없기에 두 유형은 수동적인 공격을 할 수 있고 갈등을 싫어한다. 5유형은 감정에서 거리를 두고 9유형은 자신의 선호와 의견을 잊어버리는 식으로 내면 경험으로부터 스스로 거리를 두는 방식을 가지고 있다. 다른 사람들과 일을 할 때 두 유형 모두 구조와 규칙을 좋아하고 혼자만의 되돌아 볼 시간이 필요하며 생각한 것에 대해 상의하기를 원하고 다른 사람들에 의해 통제당하는 것에 예민하며 싫어한다.

그렇지만 5유형과 9유형 사이는 굉장히 큰 차이가 있다. 가장 기본적으로 타인에 대해서 5유형은 사람들의 요구와 필요에 인해 자신의 에너지가 고갈된다고 생각하기에 타인으로부터 위축된다. 반면 9유형은 조화를 이루는 것이 편안하기 때문에 다른 사람의 가치에 따라가며 융합하는 경향이 있다. 5유형은 자신의 내면 경험과 경계에 더 초점을 두는 자기 참조이지만, 9유형은 주로 다른 사람에게 초점을 두는 타인 참조이다. 그렇기 때문에 5유형은 자신만의 길을 가면서 타인에게 맞추지 않지만 9유형은 지나치게 다른 사람들에게 자신을 맞춘다. 5유형은 거의 자신이 원하는 것을 알고 타인이 간섭하는 것을 막는 일에 능숙하지만, 9유형은 자신이 원하는 것을 잘 알지 못하기에 자신이 선택해야 하는 상황을 회피하고 다른 사람이 원하는 대로 하지만, 나중에 자신의 욕구가 떠오르고 이 상황에 분노할 수 있다. 5유형은 냉담하고 속내를 보이지 않지만 9유형은 친근하고 상냥하며 느긋하다.

5유형은 경계를 세우고 유지하는 것을 우선시 하지만 9유형은 다른 사람들과 조화로운 방식으로 가까워지기를 원하기에 경계를 만들지 못하고 자신의 욕구를 잘 인지하지 못한다. 또한 5유형은 다른 사람들의 요구에 맞서 자신의 선호를 표현하고 쉽게 거절할 수 있지만, 9유형은 그렇게 하기가 어렵다. 5유형은 자신이 '아니'라고 말하고 싶을 때 '아니'라고 말하지만, 9유형은 '네'라고 말하면서 속내는 거절인 경우가 있다. 5유형의 위축은 주로 자신을 보호하는 한 가지 형태로 여겨지는데 그로 인해 때로는 지나칠 정도로 매우 쉽게 사람들로부터 분리되지만 9유형은 다른 사람들로부터 분리하기가 어렵다. 5유형은 자신의 의제에 주의를 기울이기 때문에 다른 사람들의 의제와 감정들이 들어올 공간을 만들기가 어렵지만 9유형은 다른 사람들의 의제에 관심을 두는 것이 자신을 아는 방식에 방해가 된다.

6유형과 7유형

6유형과 7유형은 비슷한 특성을 가지고 있다. 그들은 머리 센터이기에 주로 사고를 지향한다. 6유형은 무언가 잘못될 것 같은 문제에 대해 미리 준비하고 주로 어떠한 의견에 대해 반대로 생각하며 문제를 해결하거나 무엇이 사실인지 찾으려고 노력함과 동시에 타인의 아이디어와 의견에 질문을 하는 데 주의를 기울인다. 7유형은 정보를 합성하고 밀접하게 연관시키며 새롭고 흥미로운 아이디어와 미래의 활동들을 계획하는 데 초점을 둔다.

두 유형 모두 머리 회전이 빠르지만 6유형은 최악의 경우를 상상한다면 7유형은 긍정의 시나리오를 상상한다. 그들은 '두려움'에 속한 유형이지만 자신의 두려움을 인지할 수도 있고 그렇지 못할 수도 있다. 특히 위험을 마주하는 환경에서 위협을 향해 나아가는 태도가 공포대항 6유형과 7유형은 굉장히 비슷하다. 공포대항 6유형은 겁을 주겠다는 의지와 강함으로 맞서고 7유형은 보여주는 것으로 시선을 사로잡고 멋지게 보임으로써 맞선다. 6유형은 의심에 사로잡히게 되고 7유형은 새로운 아이디어와 여러 선택으로 인해서 산만해지거나, 특정한 행동방식에 전념하거나 한계를 느끼기 싫어서 이들은 생각을 너무 많이 하고 행동으로 옮기지 않는다.

6유형과 7유형은 이런 차이가 있다. 6유형은 스스로를 현실적인 사람이라고 생각하지만, 부정적인 가능성이나 위협이나 문제에 주의를 두는 경향이 있기 때문에 외부에서 볼 때 더 회의적으로 보이는 데 반해 7유형은 매우 낙관적인 경향이 있다. 6유형은 무엇인가 잘못될 것에 초점을 두기에 잠재적인 문제에 대해 준비할 수 있지만 7유형은 긍정적인 측면으로 상황을 재구성하고 밝은 관점을 가지고 있다.

6유형과 7유형은 두려움이나 염려를 다루는 스타일이 다르다. 6유형은 다가올 위협을 볼 수 있게 주시하고 경계하는 경향이 있어 실제 그 상황이 되었을 때 준비가 되어있는 경우가 많다면 7유형은 부드럽게 두려운 위협을 해제하도록 사교적, 매력적으로 두려움의 원천을 향해 나아간다. 공포대항 6유형은 자신의 강함으로 위협적인 상황을 헤쳐 나가고 공포순응 6유형은 그 상황에서 물러나며 사회적 6유형은 불안에 대처하는 방식으로써 하나의 권위나 또 다른 권위에 순종한다.

6유형은 잠재적인 위험을 감지하고 눈앞의 현실과 주어진 정보에 의문을 가지며 자신에 대해서도 의심하기 때문에 불편함과 고통에서 벗어나지 못하고 확실함을 줄 수 있는 것을 바라며 만약 그것을 찾게 되면 전적으로 의존한다. 7유형은 좋은 느낌을 유지하며 불편함과 고통을 회피하기 원해서 즐겁고 재미있는 일들을 하고 긍정적인 가능성들에 초점을 둔다. 6유형은 조심스럽고 전략적이며 문제를 해결하기 위해 준비하지만 7유형은 장난기가 많고 모험을 즐기며 재미있는 것을 계획한다. 6유형은 안전한 느낌을 위해 문제와 해결책을 찾아낸다면 7유형은 불안과 불편함에서 안전한 거리를 지키려고 흥미로운 활동의 무한한 가능성을 보는 데 무의식적으로 힘을 쓴다.

6유형은 권위에 의구심이 있고 의문을 가지며 도전하고 반항적이다. 7유형은 상급자나 하급자 모두에게 친근하고 그들은 같은 수준의 존재로 보기에 관계 안에서 계급에 따른 힘을 부정하고 권위를 동등하게 본다. 6유형은 걱정을 하고 표현하면서 잘못될 것을 생각한다면 7유형은 자신감을 가지고 표현하며 성공을 기대한다. 6유형은 신뢰하는 사람이나 대상에 전념하고 헌신하며 아주 충직하지만 7유형은 제약의 두려움으로 인해 전념하기가 어렵다.

6유형과 8유형

공포순응 6유형과 8유형은 매우 달라 보이지만 공포대항 6유형은 8유형과 많은 부분이 비슷하다. 공포대항 6유형과 8유형은 타인에게 세게 나가고 겁주는 것처럼 보이며, 직면한 문제를 해결하기 위해 위협적이거나 좋지 않은 상황에서도 두려움 없이 돌진하는 경향이 있다. 공포대항 6유형은 항상 의식하지는 못하더라도 깊은 곳에 두려움이 있고 그것에 대항하기 위해 위협에 강하게 반응하지만 8유형은 두려움이 거의 없다. 이들은 권위에 대항하며 자신의 마음이 가는 사람을 보호한다. 6유형은 약자나 약한 조직을 지지하는 데 끌리고 8유형은 연약한 사람을 보호한다. 또한 6유형은 신중하고 조심스러우며 자신들이 하는 일에 과한 분석과 끊임없는 질문으로 진행이 늦춰질 수 있고 8유형은 지나치게 일을 하며 큰일을 빨리 처리하길 원하지만 두 유형 다 근면하며 실제적이다.

공포순응 6유형과 8유형은 확실히 대조되고 공포대항 6유형과도 다르다. 공포순응 6유형은 많은 시간 두려움과 연약함을 느끼기에 다른 위험과 위협에 불안해하면서 경계를 한다. 한편 8유형은 자신의 힘과 강함에 대한 자신감으로 과잉보상을 하고 연약함을 부정하는 것을 기반으로 삶을 살아가기에 비교적 두려움과 연약함을 거의 느끼지 않는다.

6유형은 지속적으로 자신을 의심하지만 8유형은 자신을 의심하지 않는다. 6유형은 과도한 생각을 하고 지나친 분석으로 마비가 되기에 행동을 하지 못하지만 8유형은 생각 없이 빠르게 행동을 한다. 6유형은 나쁜 결과물이 나올 것 같은 두려움을 기반으로 스스로 늦추고 미루는 경향이 있지만 8유형은 재빨리 전진하는 것을 좋아하고 만일 앞으로 나아가는 과정에서 타인이 속도를 늦춘다면 못 견딘다. 6유형은 다른 사람을 신뢰하는 데 시간이 걸리고 숨긴 의제와 이면의 동기를 조심스럽게 찾으면서 사람들을 점검하지만 8유형은 신뢰가 깨질 때까지 사람들을 일반적으로 신뢰한다. 공포대항 6유형과 8유형은 갈등의 상황에 직접적으로 맞설 수 있고, 공포순응 6유형은 갈등을 회피하는 것을 선호하지만 만일 필요하거나 화가 난 상태라면 맞설 수 있다.

6유형과 9유형

6유형과 9유형도 비슷해 보이는 면이 있다. 이들은 충실하고 주변을 보살피며 다른 사람을 지지하고 자신이 해야 할 일을 미룬다. 6유형은 성공에 대한 두려움과 일이 잘못될 것 같은 두려움에, 9유형은 자신의 의제에 머물고 접근하기가 어려워서 일과 다른 업무들을 뒤로 한다. 6유형은 질문, 과도한 분석, 의심에 사로잡혀 있어 앞으로 가는 과정에서 저항하기도 하고 9유형은 타인에게서 그들이 원하는 것을 지시받을 때 수동적으로 대항한다. 또한 공포순응 6유형과 9유형은 모두 갈등 회피를 원한다. 이들은 자기를 내세우지 않고 겸손한 경향이 있고 주목받기를 싫어한다. 6유형은 주목을 받으면 그것이 긍정적인 관심이라고 해도 공격의 빌미라 여기고 9유형은 자신이 중심이 되는 것과 관심이 집중되는 것을 불편하게 여긴다.

6유형과 9유형 사이에는 차이점이 있다. 6유형은 타인에 대해 신뢰할 만한가를 알아내는 충분한 정보가 있기 전까지 의구심을 가지고 거리를 두지만 9유형은 타인과 융합되는 경향이 있어 쉽게 신뢰한다. 6유형은 기질적으로 타인을 잘 신뢰하지 못하며 신뢰하기 전에 시험하거나 의문을 가질 수 있다. 반대로 9유형은 함께하고자 하는 마음으로 타인의 선호를 맞추고, 소외감과 불편함을 피하는 방식으로 타인이 원하는 것에 순응한다. 6유형은 잠재적인 위협에 주의를 두면서 경계심을 유지하는 경향이 있지만 9유형은 쉽게 자신의 의제에서 산만해지고 다른 사람들의 선호에 휩쓸린다.

6유형은 한쪽 측면을 본 뒤에야 다른 측면으로 볼 수 있고 상대의 시야로 보지 않으며 어떤 식으로든 의문을 제기하고 반대하는 경향이 있다. 반면에 9유형은 다양한 시각으로 보며 집단 간에 의견차이가 있을 때 중재자 역할을 맡는다. 공포대항

6유형은 잠재적인 위협을 대할 때 필요하다면 갈등에 뛰어들고 분노를 표현하지만 9유형은 갈등을 싫어하고 자신의 분노를 잘 인지하지 못하기에 이면에서는 굉장히 다르다. 6유형은 권위주의를 반대하지만 9유형은 타인이 보기에는 권위와 함께 가고 협조하며 조화를 만들고 갈등을 회피하기를 원한다.

7유형과 8유형

7유형과 8유형은 다음과 같은 면에서 비슷해 보일 수 있다. 이들은 비전을 제시하고 생각하는 사람들로 큰 그림과 미래의 가능성들을 본다. 어떤 7유형과 대부분의 8유형은 타인에게 맞서는 것이 편안하고 필요하다면 갈등에 관여할 수 있다. 두 유형은 제약을 받지 않고 제멋대로 하며 즐거움을 추구할 때는 지나치게 강렬함과 자극을 주는 경험을 환영한다. 대인관계에서 표현이나 행동에 한계가 있거나 타인에게 통제받는 것을 싫어한다. 7유형은 외교적 수단으로 다가가고 매력을 기반으로 하는 방법을 선호하고 8유형은 드러내놓고 솔직하게 반항하지만 양쪽 다 반항적이다. 7유형은 매력을 제1방어선으로 하고, 부드러운 힘과 여러 선택들의 유지를 통해 잠재적으로 있을 수 있는 제약을 반대하고 8유형은 최선의 방어는 공격이라고 믿는다.

두 유형 다 자신의 능력 이상의 일을 맡으며 자신의 목적에 맞는다면 규칙도 깰 수 있다. 7유형은 흥미 있는 활동과 신나는 일을 거절하는 것이 어렵기에 한도 이상으로 스케줄을 잡고, 8유형은 자신들의 신체적 한계를 잊고 모든 것을 다 하기 원하는 경향을 보인다. 7유형은 고통과 불편함을 회피하고 8유형은 자신의 연약함을 부정하면서 두 유형 모두 연약한 감정들과 부드러움을 부정하거나 피한다.

7유형과 8유형 사이에도 차이가 존재한다. 7유형은 자신을 제한하는 수직적인 힘의 구조를 부정하기 위해 권위를 동등하게 여기고 상사와 부하직원과 친구가 된다. 반대로 8유형은 타인이 자신 위에서 권위를 사용하면 반항적이지만, 자신이 인정하는 권위자와는 함께 일할 수 있으며, 때로는 리더로서의 자신을 즐기기도 한다. 7유형은 계획과 노는 것에 주의를 기울이고 8유형은 권력과 통제에 초점을 둔다. 7유형보다 8유형은 분노를 쉽게 내비치지만 두 유형 다 화를 표현한다. 7유형은 업무를 수행하는 데 어려운 시간을 가질 수 있고 특히 지루하고 일상적인 일을 할 때는 산만해질 수 있지만 8유형은 직접적이고 강하며 힘이 있는 방식으로 전진하는 것을 좋아한다. 7유형은 아이디어를 생각하는 단계를 좋아하지만 그것을 현실화하는 것은 어려워한다. 8유형은 명령하는 것을 좋아하며 결론에 도달하기 위해 빠르고 효과적으로 프로젝트를 밀어붙인다. 7유형은 감정으로부터 탈피해서 생각으로 옮겨가고 불편한 감정과 함께 있기를 어려워하면서 지성적으로 처리하지만 8유형은 생각의 과정 없이 행동을 하며 약한 사람으로 인식하고 보호를 찾는 사람에게 자신을 투사하거나 부드러운 감정을 부인한다. 분석하거나 상황을 평가할 때 7유형은 부정을 긍정으로 재구성하고 8유형은 부정적인 것을 다루거나 보는 것을 두려워하지 않고 '전부 아니면 아무것도 아닌 것'이나 '흑백논리'의 측면으로 이슈를 보는 경향이 있다.

7유형과 9유형

7유형과 9유형은 공통의 특성을 공유하기에 비슷하게 보일 수 있다. 이들은 친근하고 낙관적인 성향을 가지고 있다. 다른 사람들과 관계에 있어 성격이 좋고 매력적이며 상냥하고 사람의 관심을 좋아한다. 자신을 좋아해주기를 바라고 다른 사람이 자신들을 쉽게 좋아하도록 행동한다. 7유형은 필요하다면 갈등에 대처하지만 9유형은 가능한 갈등을 피하고 긍정적으로 사물을 보는 것을 좋아한다. 업무를 이행할 때 7유형은 흥미 있는 일들을 하려고 하며 그것만 생각하기에 산만해지고 9유형은 타인의 의제나 환경에 영향을 받고 불필요한 업무로 인해 산만해지기에 두 유형들은 해야 할 일에 명확하게 초점을 두고 유지하기가 어렵다.

　7유형과 9유형은 몇 가지 다른 점이 있다. 이들은 불편한 감정을 회피할 때 7유형은 재미있는 일과 신나고 방종한 활동들을 쫓아다니고 9유형은 불편함과 분노의 경험을 피하려고 자신의 의견과 원하는 바를 잊어버리고 자신을 스스로 방치한다. 7유형은 일을 빨리 진행하고 높은 에너지를 가지고 있지만 9유형은 느긋하며 결단과 업무에 관련되어서는 관성과 망설임이 있다. 다른 사람들과 관계를 할 때 7유형은 자기 참조이고 자신의 의제에 초점을 두지만 반대로 9유형은 타인 참조이고 자신의 욕구를 명확히 하거나 직접적으로 경험하는 것을 못하고 주로 다른 사람들에게 주의를 기울인다. 7유형은 갈등이 생길 때 자신의 명확한 의제에 초점을 두지만 9유형은 다른 사람과 융합하고 타인의 의제에 따라간다. 7유형은 자신이 원하는 것을 쉽게 알지만 9유형은 자신이 원하는 것보다 자신이 원하지 않는 것을 더 잘 안다. 7유형은 자신의 의제를 가지고 있으며 자신이 원하는 것을 하려고 할 때 타인의 말에 신경 쓰지 않는다. 9유형은 자신이 원하는 것을 잘 몰라서 선호하는 것을 주장하지 않으며, 자신의 것이 뒤로 밀릴 때 수동적으로 따라가면서도 그 사람에게 분개할 수 있다.

8유형과 9유형

8유형과 9유형은 비슷한 성격을 가지고 있다. 다른 사람들에 의해서 통제받기를 싫어하는 것은 동일하나 외부로부터 통제가 들어올 때 반응이 다르다. 8유형은 터놓고 반항하며 싸우려고 하며 다른 사람들을 적극적으로 제압한다. 9유형은 통제에 수동적으로 다가가면서 말로는 그렇다고 하고 보기에는 동조하거나 함께 가는 것처럼 보이나 행동은 하지 않으면서 수동적으로 저항한다. 8유형은 과로하고 많은 책임을 짐으로서 신체적 한계와 연약함을 부정하고, 9유형은 자신의 감정과 우선순위에 의식적으로 닿는 것을 잊고 타인에게 초점을 두면서 자신의 필요와 욕구를 잊어버릴 수 있다. 그리고 이들은 편함과 즐거움을 추구하고 손쉽게 놀 수 있다.

8유형과 9유형은 핵심적인 차이가 있다. 8유형은 주로 권력과 통제에 주의를 둔다면 9유형은 조화를 이루고 갈등을 회피하는 것이다. 8유형은 자신의 분노에 쉽게 접근하고 갈등에 다가가며 자주 화를 내지만 9유형은 갈등을 싫어하고 대인관계에서 긴장을 하며 배척당할까 두려워서 분노에 대해서 인식하거나 접근하지 못한다. 8유형은 독선적이고 직접적이며 자신의 의견을 주장하는 데 솔직하지만 9유형은 타인의 시각을 이해하기 위해 힘을 쏟아서 자신의 위치를 잊어버리기도 한다. 9유형이 자신의 지위, 욕구 그리고 강한 감정을 회피하는 동기는, 그들에게는 의견을 갖는 것이 갈등을 유발한다는 의미이기 때문이다.

8유형은 자신의 관점을 가장 명확하다 느끼며 이슈에 대해서는 흑백논리로 보는 경향이 있지만 9유형은 타인의 시각을 쉽게 보고 이슈에 대해 여러 시각으로 살펴본다. 8유형은 자신의 의견을 주장하기를 원하고 자신만의 방식을 가지고 있다. 반면 9유형은 여러 가지 시각들을 동일시해 의견일치와 조화를 만들어 내도록 도우며 이슈의 모든 측면들을 볼 수 있기에 탁월한 중재자이다. 8유형은 자신의 의지를 주장하고 다른 사람들의 요구들을 거절하기가 쉽지만 9유형은 거절하기가 어렵고 경계선을 쉽게 만들지 못한다.

인간관계에 있어 8유형은 겁을 주는 사람으로 인지되지만 9유형은 모든 사람들이 호감을 느끼고 말을 붙이기 쉬우며 친근하게 본다. 8유형은 타인에게 영향력이 강하지만 9유형은 접촉하기는 쉬우나 영향력은 적다. 8유형은 규칙을 깨는 것을 좋아하고 자기 자신의 규칙을 만들며 자주 권위에 대해서 반항하지만 9유형은 구조를 좋아하고 권위 있는 인물과 쉽게 일할 수 있다. 또한 8유형은 자신의 연약함, 부드러운 감정들을 부정하고 9유형은 자신의 분노와 선호도를 잊어버리거나 회피하기에 두 유형 모두 특정 감정 영역을 회피한다. 8유형은 자신을 세상에 표현하는 것에 대해서 열려 있고 자신의 필요와 원하는 것을 갖는 데 힘을 사용하는 방법으로 행동한다.

에니어그램 27가지 하위유형

27가지 하위유형의 특정한 성장 경로 이해하기

초판 5쇄 발행	2023년 1월 2일
지은이	비어트리스 체스닛
옮긴이	김세화·한병복
발행인	현상진
펴낸곳	한국에니어그램협회
등록	307-2016-60호
주소	서울시 광진구 아차산로78길 110
대표전화	02-831-5454
팩시밀리	02-831-6464
이메일	ieakorea@hanmail.net
홈페이지	www.ieakorea.com
값	17,000원
ISBN	979-11-959107-1-7 (93060)